INHALT

EINLEITUNG

Fast jeder weiß, dass Äpfel ein Kerngehäuse haben, aber wer weiß schon, dass Erdnüsse trotz des vermeintlich eindeutigen Namens in Wirklichkeit zu den Hülsenfrüchten zählen? Die Obstwelt bietet nicht nur optisch oder kulinarisch eine große, bunte Vielfalt – es lohnt sich auch, sie auf abwechslungsreiche und spannende Art im Unterricht zu entdecken!

Der gesundheitliche Nutzen einer Ernährungsweise mit hohem Obst- und Gemüseanteil ist allgemein anerkannt. Die Schule kann dazu beitragen, den richtigen Umgang mit diesen Lebensmitteln und die dafür nötigen Kompetenzen zu erlernen.

Die Unterrichtsbausteine „Obstvielfalt entdecken" für die Sekundarstufe I beleuchten vorrangig warenkundliche und ernährungsphysiologische Aspekte verschiedener Obstarten. Sie informieren über Anbau, Ernte, Einkauf und Lagerung, Verwendung und Zubereitung. Besonderheiten der einzelnen Obstarten werden ebenso vorgestellt wie verschiedene Verarbeitungsprodukte. Kinder und Jugendliche erlernen eine gesundheitsförderliche Ernährungsweise nicht allein durch die Vermittlung der entsprechenden Fakten und Ernährungsempfehlungen, sondern am besten dadurch, dass sie selbst die Lebensmittel sehen, fühlen, riechen und schmecken können. Die Unterrichtsbausteine „Obstvielfalt entdecken" bringen daher Schülerinnen und Schüler (SuS) in direkten Kontakt mit Obst und regen dazu an, (Sinnes-)Eindrücke zu sammeln, Erfahrungen zu machen und diese zu beschreiben, auszuwerten und zu diskutieren.

Die Unterrichtsbausteine ergänzen didaktisch die Inhalte der Videosequenzen auf der aid-DVD „Obst & Co. – 2½-Minuten-Clips", können aber auch sehr gut ohne die Filme umgesetzt werden.

Einsatzrahmen und Unterrichtsfächer

Die Unterrichtsbausteine „Obstvielfalt entdecken" sind primär für den Einsatz in allgemeinbildenden Schulen der Klassenstufen 5 bis 10 gedacht. Die Unterrichtsbausteine und ihre Arbeitsblätter sind offen konzipiert, so dass sie individuell den Ansprüchen verschiedener Altersstufen und Leistungsstärken leicht angepasst werden können.

Der Einsatz der Inhalte empfiehlt sich hauptsächlich im Rahmen ernährungsbezogener Fächer wie Ernährungs- und Haushaltslehre sowie Hauswirtschaft oder Arbeitslehre. Zudem bieten naturwissenschaftliche Fächer wie Biologie oder Chemie passende Schnittstellen für den fächerübergreifenden Unterricht.

Die einzelnen Bausteine können in den regulären Unterricht integriert oder im Rahmen von Projekten, Wahlpflichtkursen und Arbeitsgruppen ausführlicher erarbeitet werden. Auch der Einsatz in Lernzirkeln oder als Stationenarbeit ist denkbar. Durch die sinnlichen Aspekte der Themen können einzelne Bausteine auch lernschwache Schülerinnen und Schüler (SuS)/oder SuS mit geringen Deutschkenntnissen motivieren und aktivieren.

Gliederung der Bausteine

Die einzelnen Bausteine gliedern sich grob jeweils in das nötige Hintergrundwissen kurz und kompakt (Fachinfo) für Lehrerinnen und Lehrer und die jeweils zugehörigen Arbeitsblätter. Diese gibt es mit Aufgabenstellungen und mit Arbeitsaufträgen. Zu Arbeitsblättern mit Aufgabenstellungen sind Lösungsblätter vorhanden; Arbeitsblätter mit Arbeitsaufträgen benötigen solche nicht, die Ergebnisse entwickeln sich beim Arbeiten von selbst und werden meist im Plenum besprochen.

Zur schnelleren Orientierung beschreiben fünf Bildelemente bei den Arbeitsblättern die jeweils vorgesehene Arbeitsform:

die Traube
steht für Gruppenarbeit

die Kirsche
für Partnerarbeit

die Erdbeere
für Einzelarbeit

die Sternfrucht
steht für
ein Experiment

die Walnuss
für eine
Hausaufgabe

Weitere drei Bildelemente machen den Charakter der jeweiligen Arbeitsaufträge anschaulich:

der Nussknacker
steht für eine zu lösende Aufgabenstellung

der Messbecher weist
auf benötigte Materialien
bzw. Zutaten hin

Kochlöffel und Schneebesen
zeigen die Beschreibung eines
Arbeitsablaufs an

Zielsetzungen

Die Unterrichtsbausteine „Obstvielfalt entdecken" bieten Unterrichtsmaterialien an, um das Thema „Obst" als einen wichtigen Bestandteil ausgewogener und abwechslungsreicher Ernährung interessant und altersgerecht aufzugreifen. Im Vordergrund ste-

hen wegen des warenkundlichen Ansatzes dabei oft die erlernbaren, kognitiven Fähigkeiten und Fertigkeiten, verbunden mit der Sinnesbildung. Nur wer Lebensmittel erkennen und benennen kann, ihre Eigenschaften und Inhaltsstoffe kennt und versteht, kann darauf aufbauend reflektiert und selbstbestimmt seine eigene Essbiografie gestalten und kann seine Ernährung insgesamt gesundheitsförderlich gestalten.

Die SuS erwerben durch ein sinnesorientiertes Lernen nötiges Wissen, um mögliche Auswahlkriterien für Lebensmittel selbstständig zu erkennen und zu bewerten. So können sie anschließend lernen, ihre Konsumentscheidungen zu reflektieren und zu hinterfragen. Dieser Ansatz der Unterrichtsbausteine bietet eine Hilfestellung zum Aufbau von handlungsorientiertem Lernen.

Themenübersicht der Bausteine

Folgende Themen werden behandelt:

- **Äpfel:** Kennenlernen und Vergleich verschiedener Apfelsorten, die enzymatische Bräunung im Experiment erleben, Verarbeitung von Äpfeln erfahren.
- **Beerenobst:** Verschiedene Beeren kennen- und unterscheiden lernen. Einzelne Sekundäre Pflanzenstoffe kennenlernen, Hinführen zu „5 am Tag" und möglichst viel Abwechslung bei der Obst- und Gemüseauswahl.
- **Steinobst:** Kennenlernen der Steinobstfamilie, einschätzen, welche Arten in Deutschland angebaut werden und wann die Saison der heimischen Arten ist.
- **Sekundäre Pflanzenstoffe:** Begriff, Vorkommen und mögliche Wirkungen kennenlernen. Beispiele für den gesundheitlichen Nutzen nennen können.
- **Fruchtsäfte, -nektare, -getränke, Smoothies:** Geschmacklicher Vergleich von Smoothies, Fruchtsaft, Nektar und Fruchtsaftgetränk, experimentelle Bestimmung des Zuckergehaltes.
- **Konfitüre, Marmelade, Fruchtaufstriche:** Kennenlernen der verschiedenen Fruchtaufstriche, Blindverkostung von Erdbeerprodukten anhand eines Sensorikbogens, Pro- und Kontraliste für die verschiedenen Produkte (Geschmack, Haltbarkeit, Preis, Zuckergehalt), selber Konfitüre kochen – lohnt sich das?
- **Schalenobst (Nüsse):** Was sind Nüsse? Kennenlernen des Namens, des Aussehens sowie spezifischer Besonderheiten verschiedener Nussarten. Bewertung von Nüssen und Nuss-Nougat-Creme im Rahmen einer ausgewogenen Ernährung.

Fachlicher Hinweis:

Für die Unterrichtsbausteine wurde die von Erzeugern und Handel üblicherweise verwendete Einteilung der Obstarten in **Kernobst, Steinobst, Beerenobst** und **Schalenobst** übernommen. Diese stimmt aber nicht immer mit den botanischen Zugehörigkeiten überein. So gelten Erdbeere, Johannisbeere und Stachelbeere botanisch gesehen nicht als echte Beeren, sondern sind so genannte Sammelnussfrüchte. Die Erdnuss ist im botanischen Sinne keine Nuss, sondern eine Hülsenfrucht. Für den Unterricht und die Lösungsansätze sollen primär die Gegebenheiten im Alltag der SuS im Vordergrund stehen und nicht die Botanik als Wissenschaft. Nichtsdestotrotz bieten diese Unterscheidungen zum Beispiel für den fächerübergreifenden Unterricht in höheren Klassenstufen spannende Anknüpfungspunkte für ergänzende Lerninhalte.

Hinweise für die Durchführung der sensorischen bzw. praktischen Arbeitsvorschläge:

Da sich die Unterrichtsbausteine mit Lebensmitteln befassen, gilt es bestimmte Kriterien zu beachten. Folgende Fragen sollten im Vorfeld der Unterrichtsplanung geklärt werden:

- **Gibt es Allergiker in der Klasse?**
  Obst und Nüsse sind häufige Allergieauslöser. Zur Vorsicht sollte daher vor Verkostungen und sensorischen Übungen abgefragt werden, ob jemand aus der Gruppe gegen die entsprechende Obstart allergisch ist. Schalenobst (Nüsse) kann zum Beispiel schon in Spuren zu Teils schweren allergischen Reaktionen führen, selbst beim Einatmen von Partikeln. Je nach Schwere der Allergie sollte eventuell ganz auf die Durchführung der praktischen Arbeitsvorschläge in der Klasse verzichtet werden. Weitere Hinweise zu diesem Themenkomplex finden Sie unter folgendem Link:
  www.was-wir-essen.de/infosfuer/krankheiten.php

- **Was muss beim Thema „Hygiene" beachtet werden?**
  Im Rahmen von Ernährungsbildungsaktionen ist es lebensmittelrechtlich unproblematisch, wenn SuS bei der Zubereitung von Obst mithelfen. Eine Gesundheitsbelehrung nach dem Infektionsschutzgesetz ist in diesem Fall nicht erforderlich. Bei der Durchführung der Zubereitungen und Verkostungen ist aber grundsätzlich auf eine ausreichende Hygiene zu achten. Dazu gehört gründliches Händewaschen, eine saubere Kleidung, ein sauberer Arbeitsplatz und eine umweltfreundliche Abfallentsorgung. Bei Ausschlag oder Verletzungen an den Händen sollte mit Einweghandschuhen gearbeitet oder das Hantieren mit dem Obst von anderen übernommen werden. **Zum Probieren** sollten genügend Löffel zur Verfügung stehen.

Dabei hat sich folgende Praxis bewährt:
Für jedes Verkostungsprodukt liegt ein so genannter „Verteillöffel" bereit. Mit diesem Löffel wird das Produkt auf die einzelnen Probierlöffel der SuS verteilt. Der Verteillöffel gehört nicht in den Mund oder kommt mit einem anderen Produkt in Berührung!

Weitere Hinweise zu diesem Themenkomplex finden Sie unter folgendem Link:
www.aid.de/gemeinschaftsverpflegung/hygiene_kita_schule.php

Arbeitsvorschläge im Überblick

	Thema	Arbeitsform	Materialien/Hinweise	Lernziel	Dauer (ca.)
1 ÄPFEL					
1	**Apfel-Steckbrief**	Partnerarbeit	Arbeitsblatt 1, verschiedene Apfelsorten, Literatur zur Apfelbestimmung oder Internet	Die SuS können unterschiedliche Apfelsorten beschreiben.	10 Min.
2	**Apfelexperiment**	Experiment	Arbeitsblatt 2, Schneidbrettchen, Äpfel, Messer, Zitrone, Saftpresse, Vitamin-C-Pulver (Apotheke)	Die SuS können darlegen, dass der Luftsauerstoff Einfluss auf die Optik und die Inhaltsstoffe des Apfels nimmt.	30 Min.
3	**Apfelmus selbst gemacht**	Gruppenarbeit	Arbeitsblatt 3, ausgestattete (Lehr-)Küche, Äpfel, evtl. Zucker, Passiermühle, Schraubgläser	Durch das Herstellen von Apfelmus können die SuS den Vorgang der Haltbarmachung von Äpfeln auch mit wenig Zucker beschreiben.	45 Min.
2 BEERENOBST					
4	**Beeren – Wie sehen sie aus und was wird aus ihnen hergestellt?**	Einzelarbeit	Arbeitsblatt 4	Die SuS können verschiedene Beeren nennen und unterscheiden. Sie können darlegen, welche Verarbeitungsprodukte aus den Beeren entstehen.	15 Min.
5	**Geschmackstest Beeren**	Gruppenarbeit	Arbeitsblatt 5, Frische Beeren, Schüsseln, Tücher, Verteil- und Probierlöffel		30 Min.
3 STEINOBST					
6	**Steinobstquiz**	Einzelarbeit	Arbeitsblatt 6	Die SuS können Steinobstarten benennen.	25 Min.
7	**aid-Saisonkalender Obst**	Einzel- oder Partnerarbeit	Arbeitsblatt 7	Die SuS können Obstarten den Pflanzenfamilien zuordnen und saisonale Obstangebote benennen.	25 Min.
4 SEKUNDÄRE PFLANZENSTOFFE					
8	**Sekundäre Pflanzenstoffe: Vorkommen und mögliche Wirkungen**	Partnerarbeit	Arbeitsblatt 8	Die SuS kennen den Begriff sekundäre Pflanzenstoffe und können Beispiele für den gesundheitlichen Nutzen nennen.	10 Min.
9	**Nahrungsergänzungsmittel und „5 am Tag"**	Hausaufgabe	Arbeitsblatt 9, zur Recherche Internet oder Apothekenbesuch	Die SuS können Pro- und Kontra-Argumente bezüglich Nahrungsergänzungsmitteln anführen. Sie wissen außerdem, was „5 am Tag" bedeutet und können Beispiele für eine praktische Umsetzung nennen.	25 Min.

	Thema	Arbeitsform	Materialien/Hinweise	Lernziel	Dauer (ca.)
5 FRUCHTSÄFTE, -NEKTARE, -GETRÄNKE, SMOOTHIES					
10	**Apfelsaftherstellung**	Einzel- oder Partnerarbeit	Arbeitsblatt 10, evtl. Besuch einer Mosterei	Die SuS können die Arbeitsschritte bei der Apfelsaftherstellung benennen und verwenden dabei die Fachbegriffe.	30 Min.
11	**Experiment „Wie viel Zucker ist drin?"**	Experiment	Arbeitsblatt 11, Schullabor, verschiedene Getränke, Bechergläser (100 ml), Waage, Siedesteinchen, Gasbrenner, Keramikplatte, Trockenschrank, Nährwerttabelle	Die SuS können beschreiben, wie der Zuckergehalt in Getränken bestimmt wird und den Zuckergehalt in ausgewählten Getränken nennen.	45 bis 90 Min. (abhängig von Lerngruppe und Umfang der Untersuchung)
12	**Blindverkostung Getränke**	Einzel- und Gruppenarbeit	Arbeitsblatt 12 Trinkgläser, verschiedene Getränke	Die SuS können Fruchtgetränke nach vorgegebenen Kriterien beurteilen.	45 Min.
6 KONFITÜRE, MARMELADE, FRUCHTAUFSTRICHE					
13	**Blindverkostung Erdbeerprodukte**	Einzel- und Gruppenarbeit	Arbeitsblatt 13 Glasschälchen, Löffel, Erdbeerprodukte	Die SuS können Erdbeerprodukte nach vorgegebenen Kriterien beurteilen.	45 Min.
14	**Vergleich verschiedener Konfitüren und Fruchtaufstriche einer Obstart**	Hausaufgabe	Arbeitsblatt 14, zur Recherche Besuch im Einkaufsmarkt	Die SuS können Konfitüren und Fruchtaufstriche differenziert beurteilen und eine Kaufentscheidung begründen.	45 Min.
15	**Wirtschaftlichkeitsberechnung der Konfitürenherstellung im eigenen Haushalt**	Einzelarbeit	Arbeitsblatt 15, zur Recherche Internet	Die SuS können die Kosten bei der Konfitürenherstellung im eigenen Haushalt berechnen und sie ins Verhältnis zur gekauften Konfitüre setzen.	35 Min.
7 SCHALENOBST (NÜSSE)					
16	**Wer knackt die Nuss?**	Einzelarbeit	Arbeitsblatt 16	Die SuS können acht verschiedene Nussarten nennen und unterscheiden.	30 Min.
17	**Nussexperiment**	Experiment	Arbeitsblatt 17, Nüsse, Mörser, Löffel, Kaffeefilter oder Löschpapier, Nährwerttabelle oder Internet	Die SuS erfahren, dass Nüsse reich an Fett sind.	30 Min.
18	**Nuss-Nougat-Creme selber machen**	Gruppenarbeit	Arbeitsblatt 18, ausgestattete (Lehr-)Küche, Schraubgläser, Halbfettmargarine, Honig, Puderzucker, Vanillezucker, gemahlene Haselnusskerne, Kakaopulver, Milchpulver	Die SuS können beschreiben, wie man Nuss-Nougat-Creme selbst herstellt.	45 Min.
19	**Vergleich der Nuss-Nougat-Cremes**	Partnerarbeit	Arbeitsblatt 19, Nährwerttabelle, Produktinformationen von Herstellern	Die SuS können mittels Nährwerttabelle Nährwertberechnungen von Lebensmitteln durchführen und mit Herstellerangaben beurteilend vergleichen.	30 Min.

Anregungen für die Differenzierung

Der modulare Aufbau der Unterrichtsbausteine ermöglicht es, einzelne Aspekte zum Beispiel entsprechend der regionalen und saisonalen Voraussetzungen herauszugreifen. Es gibt sowohl einfache als auch komplexere und aufwändigere Aufgabenstellungen. Die Aufgabenstellungen müssen auch nicht 1:1 übernommen werden. Lehrerinnen und Lehrer können und dürfen sie als

Ideenpool für eine individuelle Unterrichtsplanung nutzen und nach Bedarf differenzieren: Die Kopiervorlagen sind neben den farbigen Seiten im Heft jeweils als pdf-Datei und im Word-Format auf der CD-ROM abgelegt und dürfen unter Wahrung der Urheberrechte verändert werden. Hinweise dazu finden Sie auf Seite 75 und auf der CD-ROM. So können Lehrerinnen und Lehrer die Arbeitsaufträge leicht an die individuellen Gegebenheiten ihrer Lerngruppe anpassen.

Als **Beispiel** für eine mögliche Differenzierung wird hier das Arbeitsblatt rund um das Thema „Apfelsaft" vorgestellt. Die Lehrkraft kann die Originalkopiervorlage verwenden oder sie eigenständig modifizieren und so den Schwierigkeitsgrad selbst bestimmen. **Diese Kopiervorlagen gibt es als Differenzierungsbeispiel zum kostenfreien Download unter www.aid-medienshop.de, zu finden auf der Infoseite zur Bestell-Nr. 3896.**

Originalkopiervorlage Arbeitsblatt 10

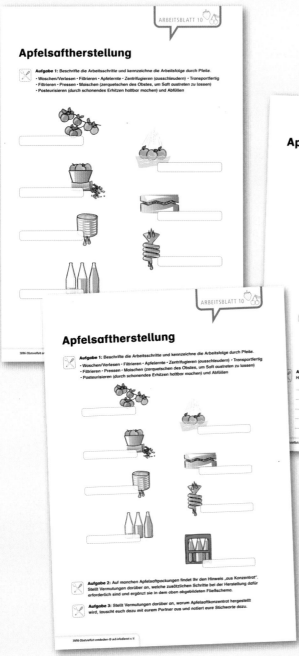

Beispiel vereinfachte Kopiervorlage Arbeitsblatt 10

Durch Zuordnung der Fachbegriffe wird der Arbeitsauftrag einfacher. Die SuS werden angeregt, das Erlernte zu wiederholen und in eigene Worte zu fassen.

Beispiel anspruchsvollere Kopiervorlage Arbeitsblatt 10

Durch ergänzende Aufgaben werden die SuS aufgefordert, eigene Vermutungen anzustellen und zu diskutieren.

ÄPFEL

1

Fachinfo

Der Apfel gehört wie die Birne und die Quitte zum Kernobst. Es handelt sich um verschiedene Arten aus der Familie der Rosengewächse.

Die ursprüngliche Heimat der Äpfel liegt in Mittelasien. Von hier aus haben sie sich in alle Erdteile verbreitet. In Deutschland gehören Äpfel zu den ältesten Kulturpflanzen und sind das am meisten verzehrte Obst. Pro Kopf und Jahr isst jeder Bundesbürger im Durchschnitt **30 Kilo Äpfel**. Es gibt kaum eine Region in Deutschland, in der keine Äpfel angebaut werden. Dennoch reicht das nicht für den Bedarf aus und es werden rund 30 Prozent unserer Äpfel eingeführt, hauptsächlich aus Italien, den Niederlanden, Frankreich und in den Sommermonaten (ab Mai) aus Neuseeland, Chile und Südafrika.

Von den **mehr als 2.000 verschiedenen Apfelsorten in Deutschland** haben nur etwa 20 eine größere Marktbedeutung. Äpfel werden das ganze Jahr über angeboten, aus heimischem Anbau vorrangig von September bis Mai.

Tafeläpfel stammen überwiegend aus dem Erwerbsanbau. Die niedrig wachsenden Bäume stehen in reihenförmig angelegten Produktionsanlagen, wo sie regelmäßig geschnitten, gedüngt und gegen Krankheiten und Schädlinge behandelt werden. Für die Most- und Safterzeugung werden neben Äpfeln mit kleinen Fehlern aus der Tafelobstproduktion oft Sorten aus dem Streuobstanbau verwendet. Darunter versteht man die hochstämmigen Apfelbäume in Hausgärten und auf Obstwiesen. Streuobstwiesen gelten heute als schützenswerte Biotope, zum Beispiel für Bienen und Vögel und um alte Obstsorten zu erhalten.

Äpfel werden im Spätsommer und Herbst geerntet. Äpfel gehören zu den Früchten, die nach der Ernte ihre Reife vollenden können. Früchte, die am Baum genussreif werden, also die **„Baumreife"** erreichen, sind zwar wertvoll, aber nicht für den Transport geeignet, da sie sehr anfällig für Druckstellen sind und leicht verderben. Für den Versand verwendet man so genanntes pflückreifes Obst. Die **„Pflückreife"** ist dann erreicht, wenn sich der Fruchtstiel leicht vom Zweig löst. In diesem Stadium wurde bereits ein Großteil des grünen Farbstoffs Chlorophyll abgebaut und Stärke zu Zucker umgebaut, so dass die Äpfel süßer werden und ihre typische Färbung erhalten. Pflückreife Äpfel setzen nach der Ernte den Reifungsprozess fort, bis sie ihr volles Aroma und damit die **„Genussreife"** erreicht haben. Überreife Äpfel weisen eine verfärbte und welke Haut auf. Sie sind wenig saftig, trocken-mehlig und schmecken abnorm oder fade.

Je nachdem, wann die Genussreife eintritt, unterscheidet man in Sommer-, Herbst-, Winter- sowie Lagersorten. Bei Sommersorten (z. B. ‚Piros', ‚Klarapfel', ‚Helios') fällt der Zeitpunkt der Pflückreife mit dem Eintritt der Genussreife zusammen. Ihre Lagerfähigkeit ist dadurch auf ca. 2 bis 4 Wochen begrenzt.

Im Gegensatz dazu benötigen
Herbst-, Winter- und Lagersorten eine gewisse Lagerungszeit,
um die Genussreife zu erreichen.
Am längsten brauchen die Lagersorten, bei denen die Pflückreife je
nach Sorte, Anbaugebiet und Witte-
rung erst zwischen Mitte Oktober und
Anfang November eintritt. Sie werden
nach der Ernte **unter kontrollierten Luft-
und Temperaturbedingungen gelagert**
(= CA-Lager, **c**ontrolled **a**tmosphere), um den
Alterungsprozess zu verlangsamen. So bleiben die
Äpfel länger frisch und können fast bis zur nächsten Ernte
im Handel angeboten werden.

Zu den Herbstsorten zählen beispielsweise ‚Elstar‘, ‚Alkmene‘,
und ‚Gala‘. Winteräpfel sind ‚Roter Boskoop‘, ‚Regine‘ und
‚Gloster‘, während ‚Fuji‘, ‚Cripps Pink‘ oder ‚Pilot‘ zu den Lagersorten gehören.

Reife Äpfel produzieren – insbesondere wenn Druckstellen, Verletzungen oder schon Faulstellen vorhanden sind – erhebliche
Mengen des **Reifungshormons Ethen** (auch Ethylen genannt).
Ethenempfindliches Obst, zum Beipiel Bananen, Kiwis und andere Produkte wie Gemüse und Kartoffeln oder Topfpflanzen und
Schnittblumen sollten daher nicht zusammen mit Ethen ausschei-
denden Früchten wie Äpfeln lagern. Ansonsten werden Reifungs-

vorgänge beschleunigt und Welk- sowie Verderbnisprozesse
eingeleitet. Die Obstschale eignet sich deshalb nur für kleine
Mengen Äpfel und nur für kurze Zeit als Aufbewahrungsort.

Im gelochten Folienbeutel an einem kühlen Platz, zum Beipiel in
der Speisekammer, im trockenen Keller oder vor Frost geschützt
auf dem Balkon, lassen sich Äpfel mehrere Wochen lagern. Eine
Unterbringung im Gemüsefach des Kühlschranks ist so ebenfalls
möglich.

Einkauf

- Voll entwickelte und genügend reife Äpfel haben das beste Aroma und enthalten die meisten Inhaltsstoffe. Unreife Äpfel sind gelegentlich zu Beginn der jeweiligen Saison auf dem Markt. Erkennungsmerkmale sind eine zu grüne Schale und ein grünliches Fruchtfleisch, das außerdem noch sehr hart, sauer und ohne Aromabildung ist. Unreife Äpfel können bei Zimmertemperatur nachreifen.

- Äpfel sollten keine sichtbaren, tiefen Druckstellen und keine Verletzungen an der Schale aufweisen.

- Gegen Ende der Angebotssaison der jeweiligen Sorte werden Äpfel schnell überreif und oft mehlig.

Äpfel sollten vor dem Verzehr gewaschen, abgerieben und **mit Schale gegessen werden**, denn diese enthält mehr wertvolle Inhaltsstoffe (bis zu 70 Prozent), beispielsweise sekundäre Pflanzenstoffe, als das Fruchtfleisch.

Äpfel sind **reich an Kalium**. Ihr **Vitamin-C-Gehalt** ist mit durchschnittlich 12 mg /100 g deutlich geringer als zum Beipiel der von Beerenfrüchten. Da Äpfel aber ganzjährig verfügbar sind, tragen sie dennoch wesentlich zur Vitamin-C-Versorgung in Deutschland bei.

Roh gerieben sind Äpfel ein altes **Hausmittel gegen Durchfall**. Denn das im Fruchtfleisch enthaltene Pektin kann bis zum 100-fachen seines Eigengewichts an Wasser binden. Mit Schale gegessen wirken Äpfel dagegen **verdauungsfördernd**: Der hohe Gehalt an Ballaststoffen wirkt positiv auf die Darmtätigkeit, vor allem in Kombination mit genügend Flüssigkeit.

UNTERRICHTSTIPPS

1. Sortenbeschreibung
Jede SuS bringt zum Unterricht einen Apfel mit. In Partnerarbeit versuchen die SuS einen oder zwei Äpfel zu beschreiben und anhand ihrer Beschreibung die Sorte zu bestimmen. Zur Sortenbestimmung gibt es verschiedene Möglichkeiten: mithilfe des Internets oder des aid-Heftes 1002 „Obst". Eventuell lässt sich dieser Arbeitsvorschlag mit einer Führung über eine Apfelplantage verbinden.

2. Apfelexperiment
Wenn man Äpfel schält oder aufschneidet, färbt sich das Fruchtfleisch durch Oxidationsvorgänge braun. Über das Bräunungsexperiment erfahren die SuS, dass der Sauerstoff in der Umgebungsluft Einfluss auf das ungeschützte Fruchtfleisch des Apfels (und auch anderer Früchte) nimmt. Sie erkennen, dass Vitamin C und Säuren Oxidationsvorgänge hemmen und das Braunwerden verhindern können. Das Experiment kann auch auf Birnen übertragen werden.

3. Apfelmus selbst gemacht
Viele SuS kennen Apfelmus nur aus dem Glas oder dem Tetrapak. Durch das Selbstherstellen von Apfelmus erfahren sie, wie leicht das gelingen kann und dass Apfelmus auch ohne zusätzliche Süße gut schmeckt. Hier kann zusätzlich eine Wirtschaftlichkeitsberechnung (analog Arbeitsblatt 15) durchgeführt werden.

4. Apfelsaftherstellung
(siehe Arbeitsvorschläge beim Thema Fruchtsaft)
In vielen Regionen gibt es Mostereien, die für Gruppen eine Besichtigung der Fruchtsaftherstellung mit anschließender Verkostung anbieten. Zur Vor- bzw. Nachbereitung einer solchen Besichtigung kann das Arbeitsblatt 10 besprochen und ausgefüllt werden.

Apfel-Steckbrief

Arbeitsaufträge:

Beschreibt zusammen mit einem Partner den mitgebrachten Apfel hinsichtlich der Größe, Farbe, Form, Fruchtfleisch und Herkunft. Wählt treffende Formulierungen. Eine Hilfe können die Beschreibungsmerkmale aus der Liste bieten.

Materialien:

verschiedene Apfelsorten, Literatur zur Apfelbestimmung oder Internet

Wer kennt diesen Apfel?

Größe :

Oberfläche :

Form :

Beschreibung Fruchtfleisch :

Geschmack :

Herkunft :

Sonstiges :

Bezeichnung / Name :

Sachdienliche Hinweise nehmen Pomologen und Saftkeltereien entgegen.

Beschreibungsmerkmale:

Größe
- klein/mittel/groß

Oberfläche
- grün-/gelbschalig (Grundfarbe)
- glatt/rau
- rot punktiert/gestreift/ fleckig/geflammt/vollständig bedeckt (Deckfarbe)

Form
- zum Blütenansatz schmaler werdend,
- gleichmäßige, an Stiel- und Blütenansatz etwas abgeplattete Form mit Rippen
- rund
- schwach kantig
- schief/ungleichförmig

Beschreibung Fruchtfleisch
- saftig/wenig saftig
- knackig/mittelfest/fest
- cremefarben/weiß
- locker/dicht

Geschmack
- kräftig säuerlich
- süßfruchtig
- süß mit leichter Säure
- mild aromatisch
- würzig
- fad (mit wenig Aroma)

Herkunft
- eigener Garten
- Hofladen
- Supermarkt (dann Ursprungsland angeben)

Apfelexperiment

Arbeitsauftrag 1:

1 Schäle einen Apfel oder schneide ihn in der Mitte durch.

2 Beobachte den geschälten/aufgeschnittenen Apfel 5 Minuten lang sehr genau.

Materialien:

1 Schneidebrettchen, 2 Äpfel (besonders geeignet sind Boskop oder Gloster), 1 Messer, 1 Zitrone, 1 Saftpresse, Vitamin-C-Pulver (aus Apotheke oder Drogeriemarkt)

Aufgabe 1: Notiere in vollständigen Sätzen, was du siehst.

Arbeitsauftrag 2:

1 Presse den Saft einer Zitrone aus.

2 Schäle oder halbiere den zweiten Apfel.

3 Gib zügig auf die eine Hälfte Zitronensaft und auf die andere Vitamin-C-Pulver.

Aufgabe 2: Notiere in vollständigen Sätzen, was du siehst.

Aufgabe 3: Formuliere eine Erklärung für deine Beobachtungen.

Apfelexperiment

Arbeitsauftrag 1:

① Schäle einen Apfel oder schneide ihn in der Mitte durch.

② Beobachte den geschälten/aufgeschnittenen Apfel 5 Minuten lang sehr genau.

Materialien:

1 Schneidebrettchen, 2 Äpfel (besonders geeignet sind Boskop oder Gloster), 1 Messer, 1 Zitrone, 1 Saftpresse, Vitamin-C-Pulver (aus Apotheke oder Drogeriemarkt)

Aufgabe 1: Notiere in vollständigen Sätzen, was du siehst.

Die Schnittfläche des Apfels verfärbt sich mit der Zeit; der Apfel wird braun.

Arbeitsauftrag 2:

① Presse den Saft einer Zitrone aus.

② Schäle oder halbiere den zweiten Apfel.

③ Gib zügig auf die eine Hälfte Zitronensaft und auf die andere Vitamin-C-Pulver.

Aufgabe 2: Notiere in vollständigen Sätzen, was du siehst.

Die Schnittfläche des behandelten Apfels verfärbt sich nicht, unabhängig davon, ob der Apfel mit Zitronensaft oder Vitamin-C-Pulver behandelt wurde.

Aufgabe 3: Formuliere eine Erklärung für deine Beobachtungen.

Durch das Anschneiden werden die Zellen des Fruchtfleisches zerstört und damit Licht und Luftsauerstoff ausgesetzt. Schlüsselenzyme, so genannte Phenoloxidasen, die im Apfel vorkommen, reagieren dann mit dem Sauerstoff der Luft. Dadurch wandeln sich im Apfel enthaltene so genannte Polyphenole (= Sekundäre Pflanzenstoffe) zu einem braunen Farbpigment um.

Man kann die Reaktion durch verschiedene Maßnahmen aufhalten: Zum einen durch Kühlung, weil bei niedrigen Temperaturen alle chemischen Prozesse langsamer ablaufen; zum anderen, indem man die Apfelscheiben mit etwas Zitronensäurepulver bestreicht oder auch eine Prise Vitamin-C-Pulver darüber verteilt. Auch Zitronensaft, der die Antioxidantien Zitronensäure und Vitamin C enthält, hat eine entsprechende Wirkung.

Das Braunwerden wird solange verzögert, wie noch Antioxidanzien vorhanden sind, die schneller oxidiert werden können als die Polyphenole.

Wie schnell ein Apfel braun wird, hängt davon ab, wie viele Enzyme er enthält und welche Polyphenole er aufweist.

Es gibt daher auch Apfelsorten, wie z. B. Elstar, die sich sehr langsam verfärben.

Apfelmus selbst gemacht

Arbeitsauftrag 1:

1. Äpfel schälen (entfällt bei Verwendung einer Passiermühle), Kerngehäuse entfernen und die Äpfel in kleine Stücke schneiden.

2. Wasser zugeben.

3. Bei mittlerer Hitze kochen, bis die Apfelstücke weich sind bzw. zerfallen.

4. Mit Pürierstab oder Mixer pürieren bzw. durch die Passiermühle geben.

5. Umrühren und mit sauberen Teelöffeln probieren.

6. Eventuell mit Zucker abschmecken.

7. Je nach erzielter Menge das Apfelmus aufessen oder heiß in Schraubgläser abfüllen, verschließen. Die Gläser ca. 5 Minuten auf den Deckel stellen, dann wieder umdrehen und ganz auskühlen lassen.

Haltbarkeit eines hygienisch einwandfrei hergestellten Apfelmuses: ca. 9 Monate.

Zutaten:

2 kg Äpfel (auch verschiedene Sorten und eventuell Klasse II oder Beutelware),

ca. 200 ml Wasser,

evtl. Zucker zum Abschmecken

Materialien:

4 – 5 saubere Schraubgläser à 450 ml Inhalt, Schneidebretter, Küchenmesser, Kochplatte, Kochtopf, Holzlöffel zum Umrühren, Pürierstab oder Schneebesen, einige Teelöffel zum Probieren, evtl. eine Passiermühle („Flotte Lotte")

BEEREN

2

BEEREN

Fachinfo

Unter Beerenobst verstehen Handel und Verbraucher sowohl echte Beerenfrüchte (Stachelbeere, Johannisbeere, Heidelbeere, Tafeltrauben) als auch als Beeren bezeichnete Früchte wie Himbeeren, Brombeeren und Erdbeeren, die botanisch gesehen aber zu den Sammelstein- bzw. Sammelnussfrüchten gehören.

Wildformen sind meist kleiner als gezüchtete Sorten. Der Großteil dieser Obstarten gehört zur Familie der Rosengewächse. Beerenobst hat im Sommer Hochsaison. Es ist reich an Vitamin C, Ballaststoffen und sekundären Pflanzenstoffen. Da Beeren nicht nachreifen, sollten nur reife, gut ausgefärbte Früchte eingekauft werden. Vorsicht beim Transport: Als so genanntes Weichobst sind Beeren äußerst druckempfindlich. Zu Hause sollten die Früchte verlesen und jene mit Druck- oder Faulstellen sofort aussortiert werden, sonst können sich schnell Schimmelherde bilden. Unversehrte Früchte halten sich ungewaschen im Kühlschrank in einer perforierten Plastiktüte ein bis zwei Tage. Beeren saugen leicht Wasser auf und werden dann matschig; deshalb erst vor dem Verzehr kurz in stehendem Wasser waschen, dann vorsichtig herausheben und abtropfen lassen. Stiele bzw. Blütenansätze erst danach entfernen. Beeren lassen sich gut einfrieren, zu Kuchen, Saft, Konfitüre/Gelee oder Eis verarbeiten. Aus Beeren hergestellter Wein und Likör sind ebenfalls sehr beliebt.

Wild wachsende Beeren sollten vor dem Verzehr gründlich gewaschen werden, denn ihnen können die Eier des **Fuchsbandwurms** anhaften. Unbedenklich sind Beeren, die in einer Höhe von mehr als einem Meter wachsen. Auch Erhitzen bei 70 Grad Celsius tötet die Eier sicher ab, Einfrieren hingegen nicht.

Werden die Eier des Fuchsbandwurms vom Menschen aufgenommen, entwickelt sich aus ihnen im Körper das nachfolgende Larvenstadium, die Bandwurmfinne. Dabei wird fast immer die Leber befallen, aber auch Lunge und Gehirn können infiziert werden. Auf dem Organ entwickeln sich viele Finnenbläschen, die in das befallene Körpergewebe hineinwachsen und die Organe zerstören. Krankheitssymptome machen sich erst Jahre nach Aufnahme der Eier bemerkbar. Wird die Erkrankung nicht erkannt und behandelt, verläuft sie meist tödlich.

Erdbeeren

Erdbeeren sind nach den Äpfeln das beliebteste Obst der Deutschen. Sie werden in allen Regionen der Bundesrepublik angebaut, Schwerpunkte liegen in Niedersachsen, Nordrhein-Westfalen, Baden-Württemberg und Bayern. Der Großteil der heutigen Kulturformen gehören zur Art der **Gartenerdbeere** *(Fragaria x ananassa)*, die sich aus zufälligen Kreuzungen der kleinen Scharlacherdbeere mit der großfruchtigen Chileerdbeere vor über 200 Jahren entwickelt hat. Etwa 60 Prozent der bei uns vermarkteten Erdbeeren werden eingeführt und zwar zum größten Teil aus Spanien, Italien, Polen, Belgien, den Niederlanden, Marokko, Frankreich, Großbritannien, Österreich und Ägypten. Aus heimischer Erzeugung kommen Erdbeeren vor allem von Juni bis Juli auf den Markt. Durch Verfrühung und Spätkulturen im Tunnel- oder Gewächshausanbau ist deutsche Ware aber schon ab April und bis in den Dezember hinein erhältlich.

Erdbeeren wachsen an niedrigen krautigen Pflanzen, die zwei bis drei Jahre Ertrag bringen. Sie werden in Reihen ausgepflanzt. Die Pflanzen werden mit Stroh unterlegt, damit die Früchte sauber bleiben. Im zweiten Jahr ist der Ertrag am größten.

Erdbeeren enthalten mehr **Vitamin C** als Zitronen (65 mg/100 g gegenüber 50 mg/100 g). Mit einer Handvoll der roten Früchte ist der Tagesbedarf bereits gedeckt.

Johannisbeere, Rote

Die Rote Johannisbeere stammt von verschiedenen, in Europa und Westasien heimischen Wildarten ab. Der Anbau erfolgt in Ländern der gemäßigten und kalten Zone beider Halbkugeln. Große Produktionsländer sind die Russische Föderation, Polen, weitere ost- und südosteuropäische Staaten sowie Deutschland. Die deutsche Erzeugung mit Schwerpunkt in Baden Württemberg ist auf den Frischmarkt ausgerichtet. Die Reifezeit beginnt je nach Sorte etwa Mitte Juni (der 24. Juni ist Johannistag) und dauert bis Anfang August. Der Hauptabsatz findet im Juli statt. Durch sachgerechte Lagerung können Früchte jedoch bis November/Dezember angeboten werden. Ergänzende Importe erhalten wir aus den Niederlanden, Belgien, Frankreich und Italien sowie Polen.

Johannisbeeren sind die Früchte winterkahler, 1 bis 2 m hoher Sträucher. Die in Trauben mit bis zu 15 Stück angeordneten mehrsamigen Beeren sind 5 bis 10 mm groß, rund bis tropfenförmig, rot bis dunkelrot und schmecken herb, säuerlichsüß. Bei modernen Sorten reifen die Früchte gleichzeitig innerhalb einer Traube. Zur Roten Johannisbeere gehören auch Sorten mit weißen oder rosa Früchten. Diese oft milder schmeckenden Sorten werden hauptsächlich in privaten Gärten angebaut.

Johannisbeeren sind reich an Ballaststoffen (Pektin) und weisen recht hohe Gehalte an Mineralstoffen und Vitaminen (z.B. 35 mg Vitamin C pro 100 g) auf. Die rote Fruchtfarbe ist auf die Anthocyane, eine Gruppe der sekundären Pflanzstoffe, zurückzuführen. Bei 0 Grad Celsius und hoher Luftfeuchtigkeit lassen sich Rote Johannisbeeren 1 bis 2 Wochen, unter **CA-Bedingungen** (= **c**ontrolled **at**mosphere, d.h. regulierte und konrollierte Luft- und Temperaturbedingungen) bis zu 12 Wochen und im Kühlschrank 2 bis 3 Tage aufbewahren.

Die Früchte werden zuerst gewaschen, erst dann pflückt man sie von der Traube oder streift sie mit einer Gabel ab. Vollreife Früchte genießt man pur oder mit etwas Zucker, verarbeitet sie gern zu Kompott, Konfitüre, Gelee, Roter Grütze, Eis und Sorbet oder verwendet sie als Kuchenbelag, für den Rumtopf oder „Aufgesetzten" (Mischung aus Korn und Früchten). Die Industrie stellt Konserven, Fruchtnektar, Sirup und Fruchtwein aus ihnen her.

Johannisbeere, Schwarze

Fast alle Kulturformen der Schwarzen Johannisbeere gehen auf die in Eurasien beheimatete Wildform zurück. Der Hauptanbau erfolgt in Mittel und Osteuropa. Im Gegensatz zu den Roten Johannisbeeren erfolgt die deutsche Produktion (Schwerpunkt Baden Württemberg und Niedersachsen) hauptsächlich im Vertragsanbau für die saftverarbeitende Industrie. Geerntet wird überwiegend mit Vollerntemaschinen. Von Hand gepflückte Frischmarktware wird von Mitte Juni bis Mitte August angeboten. Es werden etwa sechsmal so viel frische Schwarze Johannisbeeren importiert wie Rote, vor allem aus Polen, Großbritannien, Dänemark, den Niederlanden, Frankreich und Ungarn. Hinzu kommt noch einmal etwa die gleiche Menge an gefrorenen Früchten, davon 90 Prozent aus Polen. Die 5 bis 10 mm großen, runden Beeren sitzen in kürzeren Trauben oder auch einzeln an den kräftig aufrecht wachsenden, bis 2 m hohen Sträuchern.

Die Schwarze Johannisbeere ist das gesundheitlich wertvollste Beerenobst. Die schwarzviolette Färbung ihrer Haut wird durch Anthocyane hervorgerufen, deren Gehalt etwa 10-mal höher ist als bei der Roten Johannisbeere. Der Vitamin-C-Gehalt ist mit durchschnittlich 175 mg pro 100 g etwa 5-mal so hoch wie bei der Roten Johannisbeere. Die Pflanze und auch die Frucht haben einen eigentümlichen Geruch, weshalb sie im Volksmund auch „Wanzenbeere" genannt wird. Der Geschmack ist säuerlich, mild oder herb und mehr oder weniger aromatisch. Viele der neueren Sorten sind auch für den Frischverzehr geeignet. In erster Linie werden die Früchte jedoch verarbeitet, im Haushalt und vor allem industriell: Fruchtnektar, Sirup, Gelee, Mischkonfitüren, Bonbons, Likör („Creme de Cassis"), Obstgeist. Schwarze Johannisbeeren sind im Kühlschrank nur 2 bis 3 Tage haltbar, bei 0 Grad Celsius und hoher Luftfeuchtigkeit können sie 1 bis 2 Wochen, unter CA-Bedingungen bis zu 3 Wochen aufbewahrt werden.

BEEREN

Heidelbeere/Blaubeere

Die **Kulturheidelbeere** stammt aus Nordamerika, wo die meisten der heute angebauten Sorten durch Kreuzung verschiedener Wildarten entstanden sind. Die USA und Kanada sind mit Abstand die größten Erzeuger. Weitere bedeutende Produzenten sind Chile, Australien, Neuseeland, Deutschland, Polen u.a. Das Anbauzentrum befindet sich bei uns in der Lüneburger Heide.

Kulturheidelbeeren wachsen im Unterschied zu **Waldheidelbeeren** an bis zu 2 m hohen Sträuchern und können kirschengroß werden. Der typische blaue Farbstoff Anthocyan steckt nur in ihrer blauweiß bereiften Haut, während das Fruchtfleisch und der Saft farblos sind. Daher bekommt man beim Frischverzehr von Kulturheidelbeeren auch kaum blaue Zähne. Die Frucht hat festeres Fleisch als die Waldheidelbeere, enthält weniger Kerne und reift folgend (nicht alle Beeren reifen auf einmal). Für den Frischmarkt erfolgt die Ernte von Hand direkt in die Verkaufsschalen. Die Früchte reifen zwar nach, sollten aber möglichst vollreif gepflückt werden, um aromatisch zu schmecken. Erste Früchte aus europäischer Ernte kommen schon im April aus Spanien, ab Anfang Juni aus Frankreich und ab Ende Juni bis Ende Oktober aus deutscher Produktion. Weitere Importe erfolgen zum Beipiel aus Polen, den Niederlanden, Italien und den USA. Im Winterhalbjahr kommen Luftfrachtsendungen aus Chile, Neuseeland, Australien und Südafrika.

Im Vergleich zur Waldheidelbeere enthalten die Früchte etwa doppelt so viel Zucker, aber nur gut die Hälfte an organischen Säuren und auch weniger Anthocyane. Bei den Mineralstoffen und Vitaminen bestehen kaum größere Unterschiede. Kulturheidelbeeren sind aber besser transport- und lagerfähig. Bei 0 Grad Celsius können sie bis zu 7 Wochen aufbewahrt werden, unter CA-Bedingungen sogar drei Monate. Sie werden in erster Linie frisch verzehrt, eignen sich aber auch für Obstsalate, Milchspeisen, als Kuchenbelag oder für Pfannkuchen.

Himbeeren

Himbeeren wachsen wild oder in Beerenobstbetrieben an bis zu zwei Meter hohen Ruten, die beim erwerbsmäßigen Anbau in Reihen gezogen werden. Die roten, rosafarbenen oder gelben Früchte schmecken sehr aromatisch und werden aus heimischer Ernte hauptsächlich von Juli bis August angeboten. Die meisten Anbauflächen liegen in Niedersachsen und Baden-Württemberg. Importe kommen vor allem aus Polen, Serbien, Montenegro, Spanien und in den Wintermonaten aus Chile.

Brombeeren

Brombeeren wachsen vielerorts wild. Als Kulturpflanze gibt es die schwarz-blauen Früchte hierzulande erst seit etwa 150 Jahren.

In Deutschland werden Brombeeren vor allem in Nordrhein-Westfalen, Rheinland-Pfalz, Hessen und Baden-Württemberg erwerbsmäßig angebaut. Sie wachsen an bis zu drei Meter hohen Sträuchern an Rankhilfen. Darüber hinaus werden Brombeeren importiert und zwar hauptsächlich aus den Niederlanden und verschiedenen südosteuropäischen Ländern. Im Winterhalbjahr kommen Brombeeren meist per Luftfracht aus Süd- und Mittelamerika sowie Neuseeland.

Brombeeren werden von Ende Juni bis Oktober angeboten; aus heimischer Ernte vor allem im Juli, August und September. Heißer Brombeersaft gilt als altes Hausmittel bei Erkältungen. Brombeerblätter sind häufig Bestandteil von Heil- und Kräutertees.

Stachelbeere

Heimat der Stachelbeere sind Eurasien und Nordafrika. Wild wachsend kommt sie in Hecken und Bergwäldern vor. Der Anbau erfolgt weltweit in den gemäßigten Klimazonen. Viele Kultursorten entstanden in England, in Nordamerika verbreitete Wildarten wurden mit europäischen Sorten gekreuzt. Bedeutende Produktionsländer sind die Russische Föderation, Deutschland, Polen, die Ukraine, Ungarn und Großbritannien.

Stachelbeeren sind die meist einzeln hängenden Beerenfrüchte der bis 1 m hohen, sommergrünen, mehr oder weniger bedornten Sträucher. Die je nach Sorte runden, elliptischen oder eiförmigen Früchte sind etwa kirschgroß, grün, gelbrot gefärbt und haben eine glatte oder behaarte, durchscheinende, feste Schale. Die Angebotszeit erstreckt sich von Mitte Juni bis Ende August

Zur häuslichen Kompottbereitung bzw. industriellen Verarbeitung werden halbreife, grün gepflückte Früchte verwendet. Diese Früchte haben den höchsten Säure- und Vitamin-C-Gehalt. Für den Frischmarkt sollte die Ware vollreif sein. Der Geschmack des weichen Fruchtfleisches ist je nach Reifegrad sauer bis süß und mehr oder weniger aromatisch. Die Früchte sind reich an Ballaststoffen und Zuckern sowie Vitamin C (35 mg pro 100 g).

Bei 0 bis 1 Grad Celsius beträgt die Haltbarkeit 2 bis 3 Wochen. Reife Früchte sind roh eine Delikatesse. Sie werden auch als Kuchenbelag, für Kompott, Konfitüre und Gelee sowie Kaltschalen, Fruchtsoßen, Süßmost und Desssertwein verwendet. Industriell werden sie zu Nasskonserven und Tiefkühlware verarbeitet.

UNTERRICHTSTIPPS

1. Beeren – Wie sehen sie aus und was wird aus ihnen hergestellt?
Anhand eines Arbeitsblattes überprüfen die SuS, ob sie Beeren erkennen und wissen, was aus diesen Beeren hergestellt wird. In der Gruppe können die SuS überlegen, warum aus einigen Beeren vorwiegend Gelee und keine Konfitüre hergestellt wird oder warum nicht aus mehr Beerenarten Saft gewonnen wird.

2. Geschmackstest Beeren
Die SuS testen in der Gruppe, ob sie mit verbundenen Augen nur durch einen Geschmackstest Beeren erkennen können. Je nach zur Verfügung stehender Zeit können verschiedene Beeren probiert werden oder nur eine Art. Anschließend schildern die Gruppen im Plenum ihre Erfahrungen.

Beeren – Wie sehen sie aus und was wird aus ihnen hergestellt?

 Aufgabe 1: Ordne den Bildern die unten aufgeführten Bezeichnungen zu:
Erdbeere · Himbeere · Brombeere · Stachelbeere · Rote Johannisbeere · Blaubeere/Heidelbeere

 Aufgabe 2: Was wird aus diesen Beerenarten hergestellt? Du kannst Beispiele angeben.

❶

Name? _____

Welche Produkte? _____

_____

❷

Name? _____

Welche Produkte? _____

_____

❸

Name? _____

Welche Produkte? _____

_____

❹

Name? _____

Welche Produkte? _____

_____

❺

Name? _____

Welche Produkte? _____

_____

❻

Name? _____

Welche Produkte? _____

_____

Beeren – Wie sehen sie aus und was wird aus ihnen hergestellt?

 Aufgabe 1: Ordne den Bildern die unten aufgeführten Bezeichnungen zu:
Erdbeere • Himbeere • Brombeere • Stachelbeere • Rote Johannisbeere • Blaubeere/Heidelbeere

 Aufgabe 2: Was wird aus diesen Beerenarten hergestellt? Du kannst Beispiele angeben.

Name? *Erdbeere*

Welche Produkte? *Konfitüre, Fruchtaufstrich, Sirup, Fruchtwein, Kuchen*

Name? *Brombeere*

Welche Produkte? *Konfitüre, Gelee, Likör*

Name? *Rote Johannisbeere*

Welche Produkte? *Gelee, Fruchtnektar*

Name? *Himbeere*

Welche Produkte? *Konfitüre, Gelee, Sirup, Likör*

Name? *Blaubeere/Heidelbeere*

Welche Produkte? *Konfitüre, Saft*

Name? *Stachelbeere*

Welche Produkte? *Konfitüre, Kompott, Gelee*

Geschmackstest Beeren

Arbeitsauftrag:

❶ Jeweils ein Gruppenmitglied bekommt die Augen verbunden.

❷ Ein anderes Gruppenmitglied entnimmt mit dem Verteillöffel aus der Schüssel eine Beere, gibt sie auf den jeweiligen Probierlöffel der Testperson und lässt diese verkosten.

❸ Die Testperson soll nun bestimmen, welche Beere sie gerade verzehrt hat. Je nach zur Verfügung stehender Zeit können von jedem Gruppenmitglied auf diese Weise verschiedene Beeren probiert werden.

❹ Anschließend schildern die Gruppen im Plenum ihre Erfahrungen und diskutieren sie.

Materialien:

Pro Gruppe (mit 4–5 Mitgliedern): eine mit einem Geschirrtuch abgedeckte Schüssel mit verschiedenen gewaschenen Beeren, einen Schal oder Tuch, Verteil- und Probierlöffel

Erklärung:

Durch das Verbinden der Augen wird die visuelle Wahrnehmung, durch den Teelöffel der Tastsinn ausgeschaltet, so dass bei der Identifizierung der Beeren in erster Linie der Geschmacks- und Geruchssinn gefordert sind. Das Tastempfinden im Mund kann dabei hilfreich sein.

3

STEINOBST

Fachinfo

Beim Steinobst handelt es sich um die fleischigen, saftigen, dünnhäutigen (und deshalb sehr empfindlichen) Früchte zum Beispiel von Kirsche, Pflaume, Zwetsche, Pfirsich und Aprikose, deren Fruchtfleisch einen steinartigen Samen umschließt. Diese nicht verzehrbaren Samen enthalten in ihren Kernen giftige **Blausäure**, die durch Erhitzen zerstört wird.

Alle Steinobstarten halten sich ungewaschen und in einer Dose oder perforierter Plastiktüte verpackt wenige Tage im Gemüsefach des Kühlschranks.

Kirschen

Schon vor 2000 Jahren brachten die Römer die ersten Kulturformen der Kirsche ins damalige Germanien. Heute gilt Deutschland als ausgesprochenes Kirschenland. Etwa die Hälfte der bei uns vermarkteten Süßkirschen wird importiert, und zwar aus der Türkei, Italien, Spanien sowie Frankreich und im Winter aus Chile, Argentinien und Südafrika. Sauerkirschimporte (25 % des heimischen Angebots) stammen aus Ungarn, Polen, Tschechien und Serbien-Montenegro.

Von Mai bis Oktober gibt es **Süßkirschen** auf dem Markt; aus deutschem Anbau von Juni bis August. Sie können alle Farbabstufungen von gelb über hellrot bis schwarzrot aufweisen. Man unterscheidet weichfleischige Herzkirschen und festfleischige Knorpelkirschen. Herzkirschen sind für längere Transporte ungeeignet und deshalb meist nur regional erhältlich.

Sauerkirschen werden von Juni bis September angeboten, heimische Früchte von Mitte Juni bis August. Aufgrund ihres sehr sauren Geschmacks finden sie weniger Verwendung als Frischobst, sondern vor allem als Verarbeitungsobst. Sauerkirschen werden zum Beispiel zu Konserven, Konfitüre oder in Pralinen weiterverarbeitet. Man unterscheidet Amarellen, Sauerkirschsorten mit hellem Fleisch und nicht färbendem Saft und Weichseln mit tiefdunkelrotem Fruchtfleisch und färbendem Saft. Die bekannteste Sauerkirschsorte, die „Schattenmorelle", gehört zu den dunklen Weichseln.

Kirschen werden am besten mit Stiel aufbewahrt und erst kurz vor dem Verzehr mit Stiel gewaschen, damit durch den offenen Stielansatz nicht Saft austreten bzw. Wasser eindringen kann.

Pflaumen

Der Sammelbegriff Pflaume bezeichnet verschiedene Fruchtarten, die sich in Größe, Farbe, Form, Steinlösbarkeit, Konsistenz, Saftgehalt, Aroma und Reifezeit unterscheiden: Rund- bzw. Eierpflaume, Zwetsche (syn. Zwetschge, Zwetschke, Quetsche), Mirabelle, Reneklode (syn. Reineclaude), japanische Pflaume (syn. Susine) und Kirschpflaumen. Am beliebtesten sind Pflaumen und Zwetschen.

Pflaumen sind rundlich bis oval mit runden Enden und haben eine ausgeprägte Bauchnaht. Manche Sorten lösen sich schlecht vom Stein. Zwetschen dagegen sind länglich oval mit spitzen Enden und einer schwach ausgeprägten Bauchnaht. Sie lösen sich gut vom Stein. Die Unterscheidung ist mitunter schwierig, zumal oft Kreuzungsprodukte zwischen beiden angeboten werden. Im Handel gibt es Pflaumen und Zwetschen von Juli bis Oktober, Hauptlieferländer sind dann Spanien, Italien und Ungarn. Heimische Zwetschen gibt es vor allem von Juli bis September.

Pflaumen und Zwetschen sind **reich an Ballaststoffen** und können dadurch die Verdauung fördern.

Aprikosen

Aprikosen haben ihren Ursprung in China. Dort glauben manche Menschen bis heute, dass deren Bäume böse Geister vertreiben. Das kräftig gelbe Fruchtfleisch ist **reich an Betacarotin**, der Vorstufe von Vitamin A. In Österreich nennt man die Aprikosen auch Marillen. Fast alle der bei uns vermarkteten Früchte werden importiert, und zwar aus Italien, Spanien, Frankreich, Griechenland, Ungarn, Türkei und in den Wintermonaten aus Chile, Südafrika und Argentinien. Aprikosen werden von Juni bis September angeboten; im Juli und August auch aus heimischer Erzeugung, die sich auf klimatisch begünstigte Gebiete (Weinbauklima) beschränkt. Vor dem Verzehr werden Aprikosen am besten gewaschen und anschließend mit einem Tuch trocken gerieben. Nicht nur frisch verzehrt, auch als Konserven, Saft, Konfitüre, Kompott, Eis, in Kuchen und getrocknet sind Aprikosen gut geeignet und sehr beliebt.

3

STEINOBST

Pfirsiche/Nektarinen

Pfirsiche haben ihren Ursprung in China. Pfirsiche haben eine samtig-behaarte Haut. Nektarinen sind eine glattschalige, unbehaarte botanische Varietät des Pfirsichs. Das weiße oder gelbe, bei einigen Sorten auch rote Fruchtfleisch ist saftig und löst sich – je nach Sorte – unterschiedlich gut vom Stein. Es gibt Pfirsiche und Nektarinen mit runder, spitz-runder oder flach-runder Form. Sie sind reich an Mineralstoffen und Provitamin A. Fast alle der bei uns vermarkteten Früchte werden importiert, und zwar aus Italien, Spanien, Frankreich, Griechenland, Türkei und in den Wintermonaten aus Chile, Südafrika und Argentinien. Als Frischfrucht werden Pfirsiche und Nektarinen von Mai bis November angeboten; im August und September auch aus deutschem Anbau, der sich auf klimatisch begünstigte Gebiete (Weinbauklima) beschränkt. Vor dem Verzehr werden Pfirsiche und Nektarinen am besten gewaschen und anschließend mit einem Tuch trocken gerieben. Nicht nur frisch verzehrt, auch als Konserve, Saft, Konfitüre, Kompott, Eis, in Kuchen und getrocknet sind Pfirsiche und Nektarinen gut geeignetund sehr beliebt.

Plumcots®, Apriums®, Pluots® etc.

In steigendem Maß werden auch Kreuzungsprodukte aus Pflaume, Pfirsich und Aprikose angeboten. Da diese Kreuzungen von nahe verwandten Arten zuerst in die USA gelangten, haben diese Sorten englische Namen: Plumcot® = Plum x Apricot, Aprium® = Apricot x Plum. Die Kinder aus diesen Kreuzungen sehen dann zum Beipiel wie eine Pflaume aus (Frucht- und Steinform), haben aber ein kräftig oranges Fleisch und ein leichtes Aprikosenaroma. Andere Kombinationen der Merkmale sind auch möglich. Heute werden diese Artkreuzungen weiter rückgekreuzt: Pluot = Plumcot x Plum. Die Nachkommen dieser Kreuzungen haben natürlich wieder mehr Pflaumen- als Aprikosenmerkmale. Plumcots®, Apriums® und Pluots® sind geschützte Bezeichnungen, weshalb sie immer mit ® gekennzeichnet werden, das heißt „registered trademark" und übersetzt so viel wie geschütztes/eingetragenes Waren-/Markenzeichen.

LERNZIELE

Die SuS können unterschiedliche Steinobstarten nennen. Sie können einschätzen, welche Arten in Deutschland angebaut werden und wann die Saison der Früchte ist.

UNTERRICHTSTIPPS

1. Steinobstquiz
Die SuS suchen unterschiedlichste Bezeichnungen für Steinfrüchte und testen ihr Wissen über Steinfrüchte anhand eines Quiz. Ähnlich wie bei Arbeitsblatt 4 könnten die SuS zusätzlich in der Gruppe überlegen, welche Produkte aus den einzelnen Steinobstarten hergestellt werden.

2. aid-Saisonkalender Obst
Die SuS markieren in einem Saisonkalender die Steinfrüchte und stellen Vermutungen darüber an, wann die Steinfrüchte aus Deutschland angeboten werden. Hier könnte zusätzlich besprochen werden, dass auch andere Obstarten botanisch betrachtet einen Stein haben, aber vom Handel allgemein nicht zu den Steinfrüchten gezählt werden (siehe fachlicher Hinweis Seite 7). Ein Besuch im Botanischen Garten bietet sich an.

Steinobstquiz

 Aufgabe 1: Markiere alle zwölf Früchte aus der Steinobstfamilie, die hier versteckt sind.

A	C	G	O	K	N	E	A	S	R	N	P
P	F	I	R	S	I	C	H	A	N	E	O
R	K	B	F	W	J	L	E	M	A	E	N
I	N	L	M	Z	A	E	R	P	L	Z	E
K	O	J	A	W	N	I	Z	F	M	E	N
O	R	S	R	E	N	E	K	L	O	D	E
S	P	C	I	T	W	I	I	A	R	A	K
E	E	H	L	S	E	E	R	U	E	U	T
S	L	N	L	C	L	R	S	M	L	M	A
A	K	O	E	H	T	P	C	E	L	R	R
M	I	W	R	E	F	F	H	A	E	E	I
I	R	E	E	I	R	L	E	N	S	C	N
S	S	I	M	I	R	A	B	E	L	L	E
A	C	C	G	B	A	U	L	Ö	W	E	N
R	H	H	E	F	N	M	M	U	S	A	L
N	E	S	L	L	K	E	E	R	B	S	E

 Aufgabe 2: Warum sollte man die Kerne im Steinobst nicht mitessen?

_____

 Aufgabe 3: Wie unterscheiden sich Pflaumen und Zwetschen?

_____

 Aufgabe 4: Woher kommen die meisten der in Deutschland angebotenen Pfirsiche und Aprikosen?

_____

 Aufgabe 5: Wie unterscheiden sich Pfirsiche und Nektarinen hauptsächlich?

_____

 Aufgabe 6: Welche Steinfrüchte werden in nennenswertem Umfang in Deutschland angebaut?

_____

Steinobstquiz

 Aufgabe 1: Markiere alle zwölf Früchte aus der Steinobstfamilie, die hier versteckt sind.

A	C	G	O	K	N	E	A	S	R	N	P
P	F	I	R	S	I	C	H	A	N	E	O
R	K	B	F	W	J	L	E	M	A	E	N
I	N	L	M	Z	A	E	R	P	L	Z	E
K	O	J	A	W	N	I	Z	F	M	E	N
O	R	S	R	E	N	E	K	L	O	D	E
S	P	C	I	T	W	I	I	A	R	A	K
E	E	H	L	S	E	E	R	U	E	U	T
S	L	N	L	C	L	R	S	M	L	M	A
A	K	O	E	H	T	P	C	E	L	R	R
M	I	W	R	E	F	F	H	A	E	E	I
I	R	E	E	I	R	L	E	N	S	C	N
S	S	I	M	I	R	A	B	E	L	L	E
A	C	C	G	B	A	U	L	Ö	W	E	N
R	H	H	E	F	N	M	M	U	S	A	L
N	E	S	L	L	K	E	E	R	B	S	E

 Aufgabe 2: Warum sollte man die Kerne im Steinobst nicht mitessen?

Sie enthalten Blausäure und die ist giftig.

 Aufgabe 3: Wie unterscheiden sich Pflaumen und Zwetschen?
Pflaumen sind rundliche Früchte mit runden Enden. Zwetschen sind im Gegensatz zu Pflaumen länglich mit spitzen Enden und einer nur schwach ausgeprägten Bauchnaht.

 Aufgabe 4: Woher kommen die meisten der in Deutschland angebotenen Pfirsiche und Aprikosen?

Frankreich, Italien, Spanien, Griechenland, Türkei

 Aufgabe 5: Wie unterscheiden sich Pfirsiche und Nektarinen hauptsächlich?

Die Haut der Pfirsiche ist behaart und rau, die der Nektarinen glatt.

 Aufgabe 6: Welche Steinfrüchte werden in nennenswertem Umfang in Deutschland angebaut?

Süßkirschen, Zwetschen

aid-Saisonkalender Obst

OBST	J	F	M	A	M	J	J	A	S	O	N	D
Äpfel												
Aprikosen												
Birnen												
Brombeeren												
Erdbeeren												
Esskastanien												
Haselnüsse												
Heidelbeeren												
Himbeeren												
Johannisbeeren, rot												
Johannisbeeren, schwarz												
Kirschen, sauer												
Kirschen, süß												
Mirabellen, Renekloden												
Pfirsiche, Nektarinen												
Pflaumen, Zwetschen												
Preiselbeeren												
Quitten												
Stachelbeeren												
Tafeltrauben												
Walnüsse												

Aufgabe 1: Markiere die Steinobstarten rot, die Schalenobstarten braun, die Beeren blau und die Kernobstarten grün.

Aufgabe 2: Kennst du Früchte, die nicht in Deutschland angebaut werden? Liste sie auf und überlege, welche Gründe es dafür geben könnte.

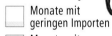

Legende:
- ☐ Monate mit geringen Importen
- ☐ Monate mit starken Importen
- ■ Monate mit Angebot aus heimischem Anbau

3896 Obstvielfalt entdecken © aid infodienst e.V.

aid-Saisonkalender Obst

OBST	J	F	M	A	M	J	J	A	S	O	N	D	🖌	✕
Ananas														✕
Äpfel													🖌	
Apfelsinen													🖌	✕
Aprikosen														
Avocados														✕
Bananen													🖌	✕
Birnen													🖌	
Brombeeren													🖌	
Erdbeeren													🖌	
Esskastanien														
Feigen														✕
Grapefruits													🖌	✕
Haselnüsse													🖌	
Heidelbeeren													🖌	
Himbeeren														
Johannisbeeren, rot													🖌	
Johannisbeeren, schwarz													🖌	
Kirschen, sauer													🖌	
Kirschen, süß													🖌	✕
Kiwis														✕
Litchis														✕
Mandarinengruppe														✕
Mangos														✕
Melonen														✕
Mirabellen, Reneklonden													🖌	
Papayas														✕
Pfirsiche, Nektarinen													🖌	
Pflaumen, Zwetschen													🖌	
Preiselbeeren													🖌	
Quitten													🖌	
Stachelbeeren													🖌	
Tafeltrauben													🖌	
Walnüsse													🖌	
Wassermelonen														✕
Zitronen														✕

Aufgabe 1: Markiere die Steinobstarten rot, die Schalenobstarten braun, die Beeren blau und die Kernobstarten grün. Bitte dazu fachlichen Hinweis in der Einleitung auf Seite 7 beachten.

Aufgabe 2: Beispiele für Früchte, die nicht in Deutschland angebaut werden, sind mit einem Kreuz in der Spalte D gekennzeichnet. Gründe dafür können u. a. sein: klimatische Wachstumsbedingungen sind nicht gegeben, kommerzieller Anbau wäre hierzulande zu teuer.

Legende:
- ☐ Monate mit geringen Importen
- ☐ Monate mit starken Importen
- ■ Monate mit Angebot aus heimischem Anbau

4

Fachinfo

Sekundäre Pflanzenstoffe sind **natürliche Inhaltsstoffe**, die ausschließlich von Pflanzen gebildet werden. Diese Stoffe haben eine aktive Wirkung auf den menschlichen Stoffwechsel. Die Pflanze bildet sekundäre Pflanzenstoffe, zum Beispiel um sich vor natürlichen Feinden wie Insekten, Bakterien und/oder Pilzen zu schützen; oder um Nützlinge anzulocken, die die Samen der Pflanze verbreiten und damit ihr Überleben sichern. Sekundäre Pflanzenstoffe sind in großer Vielfalt in Obst und Gemüse enthalten. Auch beim Menschen entfalten sie mutmaßlich **zahlreiche Schutzwirkungen**. Etwa 10.000 verschiedene sekundäre Pflanzenstoffe nehmen wir mit der Nahrung auf. Erst in jüngerer Zeit wurden einige der Stoffe systematisch untersucht. Vieles deutet darauf hin, dass sie unserem Körper helfen können, gesund zu bleiben. Eine Übersicht über die Einteilung der sekundären Pflanzenstoffe, ihr Vorkommen in Lebensmitteln und ihre mögliche Gesundheitswirkung beim Menschen gibt die Tabelle auf dem Arbeitsblatt 8.

Die sekundären Pflanzenstoffe im Obst spielen vor allem bei der **Abwehr von Zellschäden** durch freie Radikale sowie als möglicher **Schutz vor Krebs und Herz-Kreislauf-Erkrankungen** eine Rolle. Gelbe, orangerote und rote Obstarten wie beispielsweise Nektarine, Aprikose, Pfirsich, Orange und rote Grapefruit enthalten **Carotinoide**. Das sind pflanzliche Farbstoffe, die zum Teil stark antioxidativ wirken und so vermutlich das Risiko von Herz-Kreislauf-Erkrankungen senken. In einer prospektiven (vorausschauenden) europäischen Studie wurde außerdem beobachtet, dass bei einer hohen Carotinoidkonzentration im Blut das Risiko für alle Krebsarten verringert ist.

Flavonoide heißt eine weitere Gruppe von Farbstoffen; dazu gehören Anthozyane in rot, violett und blau gefärbten Beeren (Brombeeren, Heidelbeeren), anderen Früchten (blaue Weintrauben, Blutorangen, Süßkirschen) und daraus hergestellten Säften bzw. Weinen. Sie wirken ebenfalls stark antioxidativ und im Tierversuch antikanzerogen (krebsverhindernd).

Phytosterine, die zum Beispiel in Nüssen vorkommen, tragen dazu bei, den Blutcholesterinspiegel zu senken.

Die beispielsweise in Zitrusfrüchten enthaltenen **Monoterpene** zeigten im Tierversuch ebenfalls eine antikanzerogene Wirkung. Anhand der bisherigen Datenlage und aufgrund der Vielzahl der sekundären Pflanzenstoffe können keine Empfehlungen für die Zufuhr einzelner sekundärer Pflanzenstoffe gegeben werden. Stattdessen wird allgemein ein hoher Obst- und Gemüseverzehr empfohlen, zum Beispiel von der Kampagne **„5 am Tag"**. Der Titel

„5 am Tag" bedeutet, 5 Portionen Obst und Gemüse am Tag zu essen. Die genaue Empfehlung lautet, **3 Portionen oder 375 g Gemüse** zu essen – davon etwa die Hälfte roh – und **2 Portionen oder 250 bis 300 g Obst** – am besten frisch. Hinter der Kampagne steht ein Verein (www.5amtag.de), der sich dafür einsetzt, dass die Menschen mehr Obst und Gemüse essen. Zu den Mitgliedern gehören wissenschaftliche Fachgesellschaften wie die Deutsche Gesellschaft für Ernährung oder die Deutsche Krebsgesellschaft, aber auch Krankenkassen, Ministerien, Stiftungen und zahlreiche Partner aus der Wirtschaft.

LERNZIELE

Die SuS können den Begriff „sekundäre Pflanzenstoffe" erläutern und Beispiele für den gesundheitlichen Nutzen nennen. Sie wissen außerdem, was sich hinter „5 am Tag" verbirgt und sind in der Lage, Beispiele für eine praktische Umsetzung anzuführen.

UNTERRICHTSTIPPS

1. Sekundäre Pflanzenstoffe: Vorkommen und mögliche Wirkungen

Die SuS lesen einen Text über sekundäre Pflanzenstoffe, klären Fachbegriffe dazu und markieren die Gruppen sekundärer Pflanzenstoffe, die in Obst zu finden sind. Zur Klärung der Fachbegriffe kann das Internet oder ein Fremdwörterlexikon zu Rate gezogen werden.

2. Nahrungsergänzungsmittel und „5 am Tag"

Die SuS lesen eine Aussage zu diesem Thema und bilden sich dazu eine eigene Meinung. Als Recherchequellen bietet sich hier das Internet, ein Besuch in der Apotheke oder das aid-Heft 1480 „Nahrungsergänzungsmittel – Nutzen oder Risiko?" an. In der Gruppe könnte zusätzlich diskutiert werden, wie die eigene Bilanz hinsichtlich „5 am Tag" aussieht, wie diese zustande kommt und beurteilt werden kann.

Sekundäre Pflanzenstoffe: Vorkommen und mögliche Wirkungen

 Arbeitsauftrag 1: Lies den folgenden Text und die Tabelle aufmerksam mit deinem Partner durch.

 Aufgabe 1: <u>Unterstreiche</u> alle dir unbekannten Wörter und versuche zusammen mit deinem Partner die Bedeutung zu klären.

 Aufgabe 2: Welche sekundären Pflanzenstoffe sind in Obst und Nüssen zu finden? Markiert sie in der Tabelle.

Sekundäre Pflanzenstoffe

Sekundäre Pflanzenstoffe sind natürliche Inhaltsstoffe in pflanzlichen Lebensmitteln. Die Pflanze bildet sekundäre Pflanzenstoffe, um sich vor natürlichen Feinden wie Insekten, Bakterien und Pilzen zu schützen; oder um Nützlinge anzulocken, die die Samen der Pflanze verbreiten und damit ihr Überleben sichern. Sekundäre Pflanzenstoffe sind in großer Vielfalt in Obst und Gemüse enthalten. Auch beim Menschen entfalten sie mutmaßlich zahlreiche Schutzwirkungen. Etwa 10.000 verschiedene sekundäre Pflanzenstoffe nehmen wir mit der Nahrung auf. Erst in jüngerer Zeit wurden einige der Stoffe systematisch untersucht. Vieles deutet darauf hin, dass sie unserem Körper helfen können, gesund zu bleiben.

Tabelle: Übersicht über sekundäre Pflanzenstoffe und ihre möglichen gesundheitsfördernden Wirkungen (DGE 2004 und 2008)

Sekundäre Pflanzenstoffe	z. B. enthalten in …	Bedeutung für die Pflanze	Gesundheitseffekte
Flavonoide	Äpfeln, Birnen, Trauben, Kirschen, Pflaumen, Beerenobst, Zwiebeln, Grünkohl, Auberginen, Soja, schwarzem und grünem Tee u.v.m.	Farbstoffe (rot, hellgelb, blau, violett)	senken das Risiko für bestimmte Krebserkrankungen; senken das Risiko für Herz-Kreislauf-Krankheiten; antioxidativ; antithrombotisch; blutdrucksenkend; entzündungshemmend; beeinflussen das Immunsystem, antibiotisch; neurologische Wirkungen (positiver Einfluss auf kognitive Fähigkeiten)
Phenolsäuren	Kaffee, Tee, Vollkornprodukten, Weißwein, Nüssen	Abwehrstoffe gegen Fraßfeinde	senken das Risiko für bestimmte Krebserkrankungen; antioxidativ
Carotinoide	Karotten, Tomaten, Paprika, grünem Gemüse (Spinat, Grünkohl), Grapefruit, Aprikosen, Melonen, Kürbis	Farbstoffe (gelb, orange, rot)	senken das Risiko für bestimmte Krebserkrankungen; senken das Risiko für Herz-Kreislauf-Krankheiten; antioxidativ; beeinflussen das Immunsystem; senken das Risiko für altersbedingte Augenerkrankungen; entzündungshemmend
Phytoöstrogene	Getreide und Hülsenfrüchten (z. B. Sojabohnen), Leinsamen	Pflanzenhormone, die ähnlich wie das weibliche Sexualhormon Östrogen aufgebaut sind	senken das Risiko für bestimmte Krebserkrankungen; antioxidativ; stärken und beeinflussen das Immunsystem; protektive Wirkung auf Knochenstoffwechsel
Glucosinolate	allen Kohlarten, Rettich, Radieschen, Kresse, Senf	Abwehrstoffe gegen Fraßfeinde oder Pathogene	senken das Risiko für bestimmte Krebserkrankungen; beeinflussen das Immunsystem; antibiotisch; antioxidativ
Sulfide	Zwiebeln, Lauch, Knoblauch, Schnittlauch	Duft- und Aromastoffe	senken das Risiko für bestimmte Krebserkrankungen; antibiotisch; antioxidativ; antithrombotisch; blutdrucksenkend; cholesterolsenkend
Monoterpene	Minze, Zitronen, Kümmel	Duft- und Aromastoffe	cholesterolsenkend; antikanzerogen
Saponine	Hülsenfrüchten, Soja, Spargel, Hafer, Lakritze	Bitterstoffe (in wässriger Lösung: schaumbildende Wirkung)	antikanzerogen; antibiotisch (antifungal)
Phytosterine	Nüssen und Pflanzensamen (Sonnenblumenkernen, Sesam, Soja), Hülsenfrüchten	Membranbaustoff, Pflanzenhormone, die ähnlich wie Cholesterol aufgebaut sind	cholesterolsenkend

Quelle: Deutsche Gesellschaft für Ernährung (DGE): Sekundäre Pflanzenstoffe und ihre Wirkung auf die Gesundheit. DGEinfo (1/2010) 2–7

Sekundäre Pflanzenstoffe: Vorkommen und mögliche Wirkungen

 Arbeitsauftrag 1: Lies den folgenden Text und die Tabelle aufmerksam mit deinem Partner durch.

 Aufgabe 1: Unterstreiche alle dir unbekannten Wörter und versuche zusammen mit deinem Partner die Bedeutung zu klären.

 Aufgabe 2: Welche sekundären Pflanzenstoffe sind in Obst und Nüssen zu finden? Markiert sie in der Tabelle.

Sekundäre Pflanzenstoffe

Sekundäre Pflanzenstoffe sind natürliche Inhaltsstoffe in pflanzlichen Lebensmitteln. Die Pflanze bildet sekundäre Pflanzenstoffe, um sich vor natürlichen Feinden wie Insekten, Bakterien und Pilzen zu schützen; oder um Nützlinge anzulocken, die die Samen der Pflanze verbreiten und damit ihr Überleben sichern. Sekundäre Pflanzenstoffe sind in großer Vielfalt in Obst und Gemüse enthalten. Auch beim Menschen entfalten sie mutmaßlich zahlreiche Schutzwirkungen. Etwa 10.000 verschiedene sekundäre Pflanzenstoffe nehmen wir mit der Nahrung auf. Erst in jüngerer Zeit wurden einige der Stoffe systematisch untersucht. Vieles deutet darauf hin, dass sie unserem Körper helfen können, gesund zu bleiben.

Tabelle: Übersicht über sekundäre Pflanzenstoffe und ihre möglichen gesundheitsfördernden [...]

Sekundäre Pflanzenstoffe	z. B. enthalten in ...	Bedeutung für die Pflanze	Gesund[...]
Flavonoide	Äpfeln, Birnen, Trauben, Kirschen, Pflaumen, Beerenobst, Zwiebeln, Grünkohl, Auberginen, Soja, schwarzem und grünem Tee u.v.m.	Farbstoffe (rot, hellgelb, blau, violett)	senken da[...] [...]timmte Krebserkrankungen; senken das Risiko für [...] Krankheiten; antioxidativ; antithrombotisch; blutdrucksenkend; entzündungshemmend; beeinflussen das Immunsystem, antibiotisch; neurologische Wirkungen (positiver Einfluss auf kognitive Fähigkeiten)
Phenolsäuren	Kaffee, Tee, Vollkornprodukten, Weißwein, Nüssen	Abwehrstoffe gegen Fraßfeinde	senken das Risiko für bestimmte Krebserkrankungen; antioxidativ
Carotinoide	Karotten, Tomaten, Paprika, grünem Gemüse (Spinat, Grünkohl), Grapefruit, Aprikosen, Melonen, Kürbis	Farbstoffe (gelb, orange, rot)	senken das Risiko für [...]erkrankungen; senken das Risiko für Herz-Kreislauf-Krankheiten; antioxidativ; beeinflussen das Immunsystem; senken das Risiko für altersbe[...]erkrankungen; entzündungshemmend
Phytoöstrogene	Getreide und Hülsenfrüchten (z. B. Sojabohnen), Leinsamen	Pflanzenhormone, die ähnlich wie das weibliche Sexualhormon Östrogen aufgebaut	senken das Risiko für bestimmte Krebserkrankungen; antioxidativ; stärken und beeinflussen das Immunsystem; protektive [...]stoffwechsel
Glucosinolate	allen Kohlarten, Rettich, Radieschen, Kresse, Senf	Abwehrstoffe gegen Fraßfeinde oder Pathogene	[...] bestimmte Krebserkrankungen; beeinflus[...]; an[...]
Sulfide	Zwiebeln, Lauch, Knoblauch, Schnittlauch	Duft- und Aromastoffe	[...] bes[...]ngen; antibiotisch; antioxidativ; [...]drucksenkend; cholesterolsenkend
Monoterpene	Minze, Zitronen, Kümmel	Duft- und Aromastoffe	cholesterolsenkend; antikanzerogen
Saponine	Hülsenfrüchten, Soja, Spargel, Hafer, Lakritze	Bitterstoffe (in wässriger Lösung: schaumbildende Wirkung)	antikanzerogen; antibiotisch (antifungal)
Phytosterine	Nüssen und Pflanzensamen (Sonnenblumenkernen, Sesam, Soja), Hülsenfrüchten	Membranbaustoff, Pflanzenhormone, die ähnlich wie Cholesterol aufgebaut sind	cholesterolsenkend

Anmerkungen (Sprechblasen):
- verhindern die Reaktion mit Sauerstoff und können so zur Entgiftung freier Radikale im Körper beitragen
- verhindern die Entstehung von Gerinseln im Blut
- töten Bakterien ab
- geistige Fähigkeiten
- schützend
- senken den Blutcholesterinspiegel und beugen damit Herz-Kreislauf-Erkrankungen vor
- wirken der Krebsentstehung entgegen
- töten Pilze ab oder verhindern das Pilzwachstum

Quelle: Deutsche Gesellschaft für Ernährung (DGE): Sekundäre Pflanzenstoffe und ihre Wirkung auf die Gesundheit. DGEinfo (1/2010) 2–7

Nahrungsergänzungsmittel und „5 am Tag"

 Arbeitsauftrag 1: Lies diese Aussage aus einem Werbeprospekt sorgfältig durch:

„Seit vielen Jahren raten nationale und internationale Gesundheitsorganisationen mit ihren Kampagnen dringend zu einem höheren Konsum von Obst und Gemüse. Empfohlen wird ein Minimum von fünf Portionen Obst und Gemüse pro Tag (eine Portion entspricht ungefähr einer Handvoll Obst oder Gemüse). Trotz dieser Maßnahmen muss leider gesagt werden, dass in unserer Gesellschaft viel zu wenig Obst und Gemüse im Speiseplan integriert ist. Deshalb sind Nahrungsergänzungsmittel die einzige Lösung, um eine Fehlernährung der Bevölkerung zu verhindern."

 Arbeitsauftrag 2: Informiere dich umfassend darüber, was man unter Nahrungsergänzungsmitteln versteht. Recherchiere im Internet oder frage in einer Apotheke oder einem Drogeriemarkt nach.

 Aufgabe 1: Beschreibe mit eigenen Worten, was man unter einem Nahrungsergänzungsmittel versteht.

_____

_____

 Aufgabe 2: Notiere Argumente für und gegen Nahrungsergänzungsmittel.

_____

_____

_____

_____

 Aufgabe 3: Betrachte deine Ergebnisse aus Aufgabe 2 und überlege, ob Nahrungsergänzungsmittel die Fehlernährung der Bevölkerung verhindern können. Fasse deine Überlegungen schriftlich zusammen.

_____

_____

 Aufgabe 4: Was bedeutet „5 am Tag" und wie lässt sich das mit Obst und Gemüse praktisch umsetzen?

_____

_____

Nahrungsergänzungsmittel und „5 am Tag"

 Aufgabe 1: Beschreibe mit eigenen Worten, was man unter einem Nahrungsergänzungsmittel versteht.

Nahrungsergänzungsmittel sind rechtlich den Lebensmitteln und nicht den Arzneimitteln zugeordnet. Sie sind – wie der Name schon sagt – dazu bestimmt, die allgemeine Ernährung zu ergänzen. Nahrungsergänzungsmittel enthalten Konzentrate von Nährstoffen wie Vitamine, Mineralstoffe, Ballaststoffe oder andere Stoffe mit ernährungsphysiologischer Wirkung. Von anderen Lebensmitteln unterscheiden sie sich, außer im Nährstoffgehalt, vor allem dadurch, dass sie „in dosierter Form" wie Tabletten, Kapseln oder Pulverbeuteln angeboten werden.

 Aufgabe 2: Notiere Argumente für und gegen Nahrungsergänzungsmittel.

Argumente für Nahrungsergänzungsmittel

- *Liefern Vitamine*
- *Sind leicht einzunehmen*
- *Versorgen auch den, der nichts über Ernährung weiß und sich nicht um eine vitaminreiche Ernährung bemüht, mit Vitaminen*

Argumente gegen Nahrungsergänzungsmittel

- *Liefern keine sekundäre Pflanzenstoffe*
- *Inhaltsstoffe werden aus natürlichen Lebensmitteln besser aufgenommen*
- *Zusammensetzung ist nicht immer ausgewogen*
- *Kosten zusätzliches Geld*

 Aufgabe 3: Betrachte deine Ergebnisse aus Aufgabe 2 und überlege, ob Nahrungsergänzungsmittel die Fehlernährung der Bevölkerung verhindern können. Fasse deine Überlegungen schriftlich zusammen.

Nahrungsergänzungsmittel ersetzen immer nur einen Teil der Inhaltsstoffe von Obst und Gemüse, z. B. Vitamine. Ballaststoffe, und die Vielzahl an sekundären Pflanzenstoffen sind in Nahrungsergänzungsmitteln nicht enthalten. Wer stattdessen viel Obst und Gemüse isst, verzehrt meist weniger Süßigkeiten und Snacks und nimmt daher weniger Energie, aber mehr wichtige Inhaltsstoffe auf.

 Aufgabe 4: Was bedeutet „5 am Tag" und wie lässt sich das mit Obst und Gemüse praktisch umsetzen?

5 Portionen Obst und Gemüse am Tag zu essen, diese Empfehlung steht bei der Kampagne 5 am Tag im Mittelpunkt. Denn Obst und Gemüse – möglichst bunt und vielfältig zubereitet – versorgen unseren Körper mit vielen wichtigen Inhaltsstoffen.

Das könnte z. B. so aussehen:

Frühstück: 1 Glas Orangensaft

Schulpause: 1 Apfel

Mittagessen: 1 Portion Salat und 1 Portion Gemüse

Nachmittags: 1 Banane und 1 Kiwi

Abendessen: Rohkost aus Gurke, Paprika und Möhre

5

Fachinfo

Die Deutschen sind Weltmeister im Safttrinken. Knapp 40 Liter Saft, Nektar und Fruchtsaftgetränke trinkt jeder Deutsche pro Kopf und Jahr.

Bei der Herstellung von Fruchtsäften werden die geernteten Früchte zunächst gründlich gewaschen und verlesen. Im Weiteren unterscheiden sich die Herstellungstechniken je nach Fruchtart. So müssen Äpfel bzw. Trauben vor dem Auspressen zunächst gemaischt (zerkleinert), Stein- und Beerenfrüchte entsteint oder entrappt (entstielt) werden. Wenn ein klarer Fruchtsaft hergestellt wird, folgt auf das **Pressen** das **Zentrifugieren** und **Filtrieren**. Naturtrübe und fruchtfleischhaltige Säfte werden nicht filtriert. Nach der Saftherstellung werden viele Säfte **konzentriert**. Hierbei wird dem frisch gepressten Saft im Vakuum bei niedriger Temperatur zunächst durch spezielle Technik das Aroma entzogen, das aufgefangen und separat gelagert wird. Anschließend wird ein Teil des Wassers entzogen. Die auf diese Weise konzentrierten Säfte lassen sich qualitätsschonend und kostengünstig zwischenlagern und sicher transportieren. Zu einem späteren Zeitpunkt kann dann unter Verwendung von besonders aufbereitetem Trinkwasser und dem fruchteigenen Aroma wieder ein vollwertiger Fruchtsaft hergestellt werden. Bei der **Pasteurisierung** wird der Fruchtsaft unmittelbar vor dem Abfüllen schonend haltbar gemacht, indem er für wenige Sekunden auf Temperaturen bis etwa 85 °C erhitzt und sofort wieder abgekühlt wird. Wertgebende Inhaltsstoffe bleiben dabei nahezu vollständig erhalten. Die Saftausbeute ist je nach Fruchtart verschieden. Bei Zitrusfrüchten beträgt sie etwa 40 Prozent, bei Äpfeln etwa 75 Prozent. Die Pressrückstände (Trester) werden zur Herstellung des Geliermittels Pektin oder als Vieh- und Wildfutter verwendet. Bei der Herstellung von **Direktsaft** wird der Saft nach dem Pressen sofort abgefüllt oder – ohne vorher zu Fruchtsaftkonzentrat verdichtet zu werden – in Getränketanks gekühlt zwischengelagert und vor dem Verkauf pasteurisiert.

Fruchtsaft besteht zu 100 Prozent aus dem Saft frischer Früchte. Er ist klar, naturtrüb oder fruchtfleischhaltig; ihm wird nichts hinzugefügt. Nur wenn die Früchte – zum Beispiel sorten- oder witterungsbedingt – einen natürlichen Mangel an Zucker haben, erlaubt es die Fruchtsaft-Verordnung mit bis zu 15 g Zucker pro Liter den Geschmack zu korrigieren. Der Hinweis „ohne Zuckerzusatz" auf der Verpackung garantiert, dass von dieser Möglichkeit kein Gebrauch gemacht wurde.

Fruchtnektare sind weniger wertvoll als Fruchtsäfte, da der Fruchtsaftgehalt niedriger ist. Laut Fruchtsaft-Verordnung muss beispielsweise Orangennektar 50 Prozent, Aprikosennektar 40 Prozent, Sauerkirschnektar 30 Prozent und Johannisbeernektar nur 25 Prozent Frucht, d. h. Fruchtsaft oder -mark, enthalten. Es ist erlaubt, bis zu 20 Prozent Zucker zuzusetzen. Anstatt mit Zucker kann auch mit Süßstoffen gesüßt werden. Fruchtnektare werden vor allem aus Früchten hergestellt, die von Natur aus sehr viel Fruchtsäure oder Fruchtfleisch enthalten, so dass sie erst durch den Zusatz von Zucker und Wasser trink- und genussfertig gemacht werden können.

Fruchtsaftgetränke zählen wie Limonaden und Brausen zu den Erfrischungsgetränken. Sie bestehen insbesondere aus Trinkwasser, Fruchtsaft, natürlichen Fruchtaromen, Zucker und gegebenenfalls Genusssäuren (z. B. Zitronensäure). Eine Begrenzung des Zuckeranteils gibt es nicht. Statt mit Zucker kann wie bei Fruchtnektaren mit Süßstoff gesüßt werden. Der Mindestfruchtsaftgehalt ist in den Leitsätzen für Erfrischungsgetränke festgelegt: Bei Kernobst oder Trauben sind es 30 Prozent, bei Zitrusfrüchten 6 Prozent und bei anderen Obstarten 10 Prozent. Zur Haltbarmachung ist der Zusatz von Dimethyldicarbonat, ein leichtflüchtiger Konservierungsstoff, erlaubt.

Multifruchtgetränken werden meist Vitamine zugesetzt. Sie enthalten oft zehn bis zwölf verschiedene Fruchtarten. Als Grundlage dienen häufig Orangen- und Apfelsaft, denen in ganz unterschiedlichen Mengen Bananenmark oder -püree, Traubensaft, Maracuja-, Mango-, Papaya-, Ananas- oder andere Fruchtsäfte zugefügt werden.

Smoothies (engl. smooth: „fein, gleichmäßig, sämig") heißen Getränke, die so erst seit einigen Jahren in Deutschland auf dem Markt sind. Die Zusammensetzung eines Smoothies ist rechtlich bisher nicht genau geregelt. Hinsichtlich der Zutaten, Rezeptur und Haltbarmachung gibt es sehr unterschiedliche Produkte auf dem Markt, die alle unter dem Begriff „Smoothies" verkauft werden. Ein guter Smoothie sollte mindestens 50 Prozent stückige Bestandteile oder Pürees von ganzen Früchten oder Gemüse enthalten. Ihm sollte kein Zucker, keine Zusatzstoffe und keine isolierten Nährstoffe (z. B Vitamine) zugesetzt werden und nicht durch Entzug von Wasser konzentriert sein.

LERNZIELE

Die SuS kennen den Unterschied zwischen Saft, Nektar, Fruchtsaftgetränk und Smoothie und sind in der Lage, die Produkte für sich zu bewerten.

UNTERRICHTSTIPPS

1. Apfelsaftherstellung
In vielen Gegenden Deutschlands gibt es Mostereien, die für Gruppen eine Besichtigung der Fruchtsaftherstellung mit anschließender Verkostung anbieten. Zur Vor- bzw. Nachbereitung einer solchen Besichtigung kann das Arbeitsblatt 10 besprochen und ausgefüllt werden.

2. Wie viel Zucker ist drin?
Wenn die Möglichkeit zur Nutzung eines Schullabors besteht, können die SuS den Zuckeranteil von verschiedenen Fruchtgetränken experimentell bestimmen. Wenn auf die praktische Bestimmung verzichtet wird, kann ein Vergleich der Anteile mittels einer Nährwerttabelle oder einer Etiketten-Recherche im Handel angestellt werden.

3. Blindverkostung Getränke
Die SuS probieren und vergleichen Fruchtsaft, -nektar, -getränk und eventuell Smoothies. Eine Matrix für die Gruppenarbeit auf Arbeitsblatt 12 befindet sich im Anhang.

Apfelsaftherstellung

 Aufgabe 1: Beschrifte die Arbeitsschritte und kennzeichne die Arbeitsfolge durch Pfeile.

- Waschen/Verlesen • Filtrieren • Apfelernte • Zentrifugieren (ausschleudern) • Transportfertig
- Filtrieren • Pressen • Maischen (zerquetschen des Obstes, um Saft austreten zu lassen)
- Pasteurisieren (durch schonendes Erhitzen haltbar machen) und Abfüllen

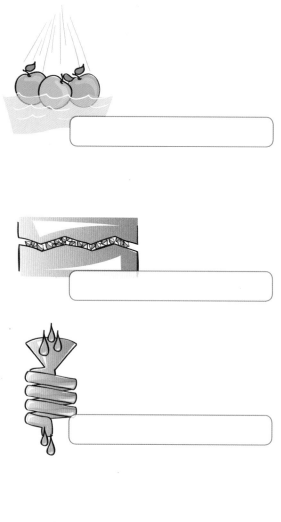

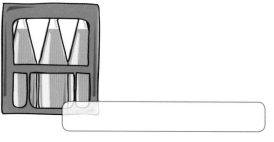

Apfelsaftherstellung

 Aufgabe 1: Beschrifte die Arbeitsschritte und kennzeichne die Arbeitsfolge durch Pfeile.

- Waschen/Verlesen • Filtrieren • Apfelernte • Zentrifugieren (ausschleudern) • Transportfertig
- Filtrieren • Pressen • Maischen (zerquetschen des Obstes, um Saft austreten zu lassen)
- Pasteurisieren (durch schonendes Erhitzen haltbar machen) und Abfüllen

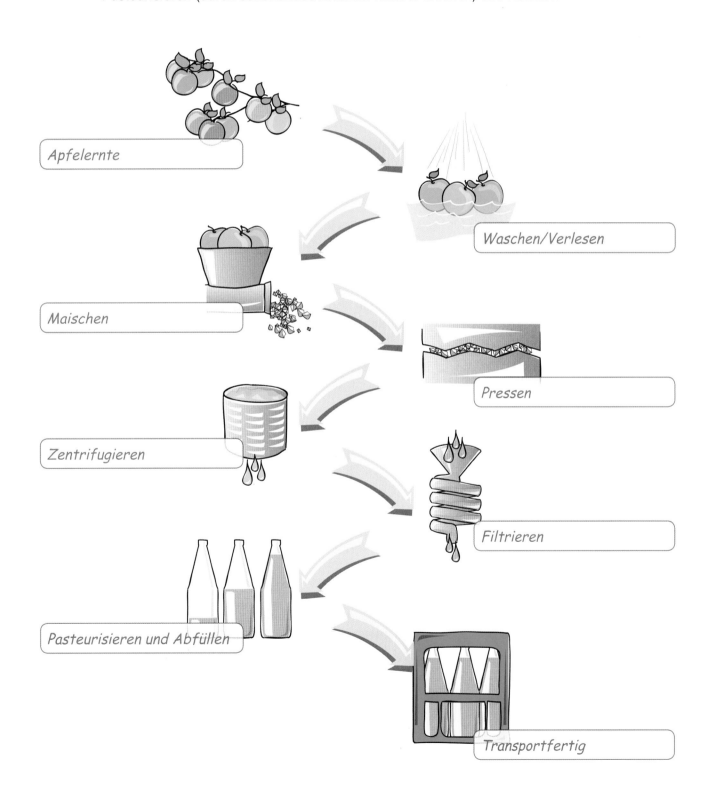

Apfelernte

Waschen/Verlesen

Maischen

Pressen

Zentrifugieren

Filtrieren

Pasteurisieren und Abfüllen

Transportfertig

Experiment
„Wie viel Zucker ist drin?"

Arbeitsauftrag:

❶ In einem Becherglas (B, 100 ml) 25 ml des jeweiligen Getränks (P) abmessen und die Masse (m) vom Becherglas (B) und von der Probe (P) bestimmen.

mB = [   ]   mP = [   ]

❷ Siedesteinchen (S) zusetzen; vorher deren Masse bestimmen.

mS = [   ]

❸ Die Probe (P) auf der Keramikplatte mit dem Gasbrenner vorsichtig bis zum Sieden erhitzen; etwa drei Viertel der Flüssigkeit abdampfen lassen. Achtung: Spritzer führen zu Masseverlusten.

❹ Das letzte Viertel der Flüssigkeit besonders vorsichtig abdampfen lassen. Es besteht sonst die Gefahr, dass das Becherglas springt. Mit dem Heizen aufhören, bevor alle Flüssigkeit verdampft ist.

❺ Das Becherglas etwa 15 Minuten lang in den 120 °C warmen Trockenschrank stellen.

❻ Auf Zimmertemperatur abkühlen lassen und anschließend die Masse des Rückstands (R) bestimmen.

mB + mS + mR = [   ]

--> mR = [   ]

Materialien:

Verschiedene Getränke
(z. B. Orangensaft,
Orangennektar,
Orangen-Fruchtsaftgetränk,
Orangenlimonade),
Bechergläser (100 ml),
Waage, Siedesteinchen,
Gasbrenner, Keramikplatte,
Trockenschrank,
Nährwerttabelle

Aufgabe 1: Der Rückstand entspricht in etwa dem Zuckeranteil des Getränks.

Wie hoch ist demnach der Zuckergehalt des jeweiligen Getränks in g/l?   [   ]

Aufgabe 2: Sortiere die Getränke nach dem Zuckergehalt in aufsteigender Reihenfolge.

Getränk	Zuckergehalt in g/l (Experiment)	Zuckergehalt in g/100g (Nährwerttabelle)
_____	_____	_____
_____	_____	_____
_____	_____	_____

Experiment
„Wie viel Zucker ist drin?"

Arbeitsauftrag:

❶ In einem Becherglas (B, 100 ml) 25 ml des jeweiligen Getränks (P) abmessen und die Masse (m) vom Becherglas (B) und von der Probe (P) bestimmen.

mB = 64 g   mP = 25 g

❷ Siedesteinchen (S) zusetzen; vorher deren Masse bestimmen.

mS = 5 g

❸ Die Probe (P) auf der Keramikplatte mit dem Gasbrenner vorsichtig bis zum Sieden erhitzen; etwa drei Viertel der Flüssigkeit abdampfen lassen. Achtung: Spritzer führen zu Masseverlusten.

❹ Das letzte Viertel der Flüssigkeit besonders vorsichtig abdampfen lassen. Es besteht sonst die Gefahr, dass das Becherglas springt. Mit dem Heizen aufhören, bevor alle Flüssigkeit verdampft ist.

❺ Das Becherglas etwa 15 Minuten lang in den 120 °C warmen Trockenschrank stellen.

❻ Auf Zimmertemperatur abkühlen lassen und anschließend die Masse des Rückstands (R) bestimmen.

mB + mS + mR = 71,1 g

--> mR = 2,1 g

Materialien:

Verschiedene Getränke (z. B. Orangensaft, Orangennektar, Orangen-Fruchtsaftgetränk, Orangenlimonade), Bechergläser (100 ml), Waage, Siedesteinchen, Gasbrenner, Keramikplatte, Trockenschrank, Nährwerttabelle

Aufgabe 1: Der Rückstand entspricht in etwa dem Zuckeranteil des Getränks.

Wie hoch ist danach der Zuckergehalt des jeweiligen Getränks in g/l?   84 g/l

Aufgabe 2: Sortiere die Getränke nach dem Zuckergehalt in aufsteigender Reihenfolge.

Getränk	Zuckergehalt in g/l (Experiment)	Zuckergehalt in g/100g (Nährwerttabelle)*
Orangenlimo	84	8
Orangensaft	90	9
Orangennektar	105	10,5

*Quelle Nährwerttabelle: Heseker, Beate und Helmut: Nährstoffe in Lebensmitteln: Die große Energie- und Nährwerttabelle. Umschau Buchverlag, Neustadt an der Weinstraße, 2007

Blindverkostung Getränke

Arbeitsauftrag:

❶ Beurteile zunächst allein die verschiedenen Produkte nach Farbe, Geruch, Geschmack und Fruchtigkeit und markiere die entsprechenden Bewertungsvorgaben in der unten stehenden Tabelle.

❷ Trage deine Ergebnisse in der Gruppe vor. Erläutere umfassend, wie du die verschiedenen Produkte empfunden hast und begründe deine Aussage.

❸ Sieh dir nun die getesteten Produkte an. Stelle Vermutungen darüber an, welches Produkt sich hinter welcher Ziffer verbirgt.

❹ Notiere den Preis je Liter und den Zuckergehalt pro 100 ml für jedes Getränk.

❺ Welches Produkt ist dein Favorit? Begründe deine Wahl.

Materialien:

Nummerierte Trinkgläser pro SuS, in denen sich ohne Benennung Orangensaft, Orangennektar, Orangenfruchtsaftgetränk und eventuell ein Smoothie der Geschmacksrichtung Orange oder ein frisch gepresster Orangensaft befinden.

Tabelle für deine Beurteilungen. Kreuze an:

	Probe 1	Probe 2	Probe 3	Probe 4
Farbe	➕ ⊙ ➖	➕ ⊙ ➖	➕ ⊙ ➖	➕ ⊙ ➖
Geruch	➕ ⊙ ➖	➕ ⊙ ➖	➕ ⊙ ➖	➕ ⊙ ➖
Geschmack	➕ ⊙ ➖	➕ ⊙ ➖	➕ ⊙ ➖	➕ ⊙ ➖
Fruchtigkeit	➕ ⊙ ➖	➕ ⊙ ➖	➕ ⊙ ➖	➕ ⊙ ➖
Zuckergehalt pro 100 ml				
Preis pro Liter				

➕ gefällt mir ⊙ geht so ➖ gefällt mir nicht

Meine Vermutungen:

Probe 1 ist _____   Probe 2 ist _____

Probe 3 ist _____   Probe 4 ist _____

Mein Favorit ist Probe Nr. ☐

weil _____

6

Fachinfo

„Marmelade" ist, besonders zum Frühstück, ein beliebter Brotaufstrich. Streng genommen essen die meisten Deutschen jedoch **„Konfitüre"** zum Frühstück, denn laut Lebensmittelrecht darf die Bezeichnung Marmelade nur für einen Fruchtaufstrich aus Zitrusfrüchten verwendet werden. Ein Kilogramm Marmelade muss dabei mindestens 200 g Zitrusfrüchte enthalten. Eine Ausnahme bildet Marmelade, die in Hofläden oder ähnlichen Einkaufsstätten angeboten wird. Hier darf auch eine Konfitüre als Marmelade bezeichnet werden.

Konfitüren oder **Gelees** enthalten mindestens 350 g Frucht pro Kilo Produkt. Für **Konfitüre extra** oder **Gelee extra** beträgt der Mindestgehalt 450 g Frucht pro Kilo Produkt. Eine Ausnahme gilt für Früchte mit einem sehr hohen Säuregehalt wie zum Beipiel Schwarze Johannisbeeren, Hagebutten und Quitten. Bei diesen Früchten reichen 250 g Frucht für die Herstellung von Konfitüre und 350 g Frucht für die Herstellung von Konfitüre extra oder Gelee extra. Ob Marmelade, Konfitüre oder Gelee, sie alle müssen einen Gesamtzuckergehalt von mindestens 60 Prozent aufweisen. Produkte mit einem geringeren Zuckergehalt fallen nicht unter die Konfitürenverordnung, sondern sind so genannte **Lebensmittel eigener Art**. Sie sind unter der Bezeichnung **Fruchtaufstrich** oder **Brotaufstrich** im Handel. Sie weisen einen Anteil Frucht zu Gelierzucker im Verhältnis 1:2 und 1:3 auf. Konfitüren und Gelees dagegen entsprechen in ihrer Zusammensetzung weitestgehend der im Haushalt hergestellten klassischen Rezeptur von Frucht und Gelierzucker im Verhältnis 1:1.

Laut Lebensmittelrecht dürfen in Konfitüre, Marmelade und Gelee keine Aromastoffe oder Konservierungsmittel enthalten sein. Eine Zugabe von aromagebenden Lebensmitteln wie Kräuter, Gewürze, Vanille oder Vanillin sowie Wein oder Likör ist jedoch erlaubt. Außerdem ist die Zugabe von Fruchtsäften teilweise möglich.

LERNZIELE

Die SuS können verschiedene streichfähige Erdbeerprodukte miteinander vergleichen und ihre Sinneseindrücke beschreiben. Sie können die Vor- und Nachteile verschiedener Produkte abwägen. Die SuS können berechnen, ob sich die eigene Herstellung von Erdbeerkonfitüre lohnt.

UNTERRICHTSTIPPS

1. Blindverkostung Erdbeerprodukte
Die SuS vergleichen verschiedene Erdbeerprodukte hinsichtlich Konsistenz, Geruch, Aussehen und Geschmack. Eine Matrix für die Gruppenarbeit auf Arbeitsblatt 13 befindet sich im Anhang.

2. Vergleich verschiedener Konfitüren und Fruchtaufstriche einer Obstart
Die SuS erarbeiten, was die Vor- und Nachteile verschiedener Produktkategorien sind und treffen für sich eine individuelle, hypothetische Kaufentscheidung. Für die Recherche ist ein Besuch im Lebensmittelhandel empfehlenswert. Zusätzlich können SuS mit Migrationshintergrund interviewt werden, welche fruchtigen Brotaufstriche in ihren Ländern üblich sind. Die Ergebnisse werden in der Gruppe zusammengetragen und diskutiert.

3. Wirtschaftlichkeitsberechnung der Konfitürenherstellung im eigenen Haushalt
Die SuS ermitteln die Kosten für die Herstellung von Erdbeerkonfitüre und erarbeiten, unter welchen Voraussetzungen die eigene Herstellung sinnvoll ist. Adressen für die nötige Recherche sind zum Beispiel Wasser- und Stromversorger, Fachhandel, Internet. Auch zur Partnerarbeit geeignet

Blindverkostung Erdbeerprodukte

Arbeitsaufträge:

1. Beurteile zunächst alleine die verschiedenen Produkte nach Konsistenz, Geruch und Farbe und bewerte nach dem Schema.

2. Trage deine Ergebnisse in der Gruppe vor. Erläutere umfassend, wie du die verschiedenen Produkte empfunden hast und begründe deine Aussage.

3. Seht euch nun die getesteten Produkte an. Stellt Vermutungen darüber an, welches Produkt sich hinter welcher Ziffer verbirgt.

4. Welches Produkt ist dein Favorit? Begründe deine Wahl.

Materialien:

Nummerierte Glasschälchen pro Gruppe, in denen sich 4 bis 5 Erdbeerprodukte, wie z. B. Erdbeerkonfitüre einfach, Erdbeerkonfitüre extra, (selbst hergestellte Erdbeerkonfitüre), eine Konfitüre ohne Fruchtstückchen, eine Konfitüre mit Süßstoff, ein Fruchtaufstrich ohne Zuckerzusatz, ein Fruchtaufstrich mit alternativen Süßungsmitteln befinden. Ausreichend Löffel, um alle Produkte von allen Schülern hygienisch einwandfrei probieren zu können.

Deine Beurteilungen. Kreuze an:

	Probe 1	Probe 2	Probe 3	Probe 4	Probe 5
Konsistenz*	➕ ⊙ ➖	➕ ⊙ ➖	➕ ⊙ ➖	➕ ⊙ ➖	➕ ⊙ ➖
Geruch	➕ ⊙ ➖	➕ ⊙ ➖	➕ ⊙ ➖	➕ ⊙ ➖	➕ ⊙ ➖
Farbe	➕ ⊙ ➖	➕ ⊙ ➖	➕ ⊙ ➖	➕ ⊙ ➖	➕ ⊙ ➖
Geschmack	➕ ⊙ ➖	➕ ⊙ ➖	➕ ⊙ ➖	➕ ⊙ ➖	➕ ⊙ ➖

*Festigkeit, mit Fruchtstücken oder ohne, ➕ gefällt mir ⊙ geht so ➖ gefällt mir nicht

Meine Vermutungen:

Probe 1 ist _____

Probe 2 ist _____

Probe 3 ist _____

Probe 4 ist _____

Probe 5 ist _____

Mein Favorit ist Probe Nr. ☐

weil _____

_____

Vergleich verschiedener Konfitüren und Fruchtaufstriche einer Obstart

Arbeitsaufträge:

1 Gehe in einen Supermarkt und suche dir dort eine Konfitüre einfach, eine Konfitüre extra und einen Fruchtaufstrich der jeweils gleichen Obstart aus.

2 Fülle anhand der Etikettenkennzeichnung/Preisschilder folgende Tabelle aus.

	Konfitüre einfach	Konfitüre extra	Fruchtaufstrich
Produktname			
Füllmenge			
Preis			
Fruchtgehalt			
Zuckergehalt			
Haltbarkeit			

Welches der Produkte würdest du kaufen? Begründe deine Wahl.

Wirtschaftlichkeits-berechnung der Konfitürenherstellung im eigenen Haushalt

Arbeitsauftrag:

Berechne, ob und unter welchen Umständen sich die Konfitürenherstellung im Haushalt lohnt. Vergleiche dazu den Preis von gekaufter Erdbeerkonfitüre extra mit den Herstellungskosten für eine vergleichbare Menge im Haushalt.

Aufgabe 1: Recherchiere den Preis für eine Erdbeerkonfitüre extra im Supermarkt. Achte darauf, wie viel Konfitüre in einem Glas ist und rechne den Preis auf 100 g um.

Kosten Erdbeerkonfitüre extra im Supermarkt: [ ] Euro pro [ ] g.

Das entspricht [ ] Euro pro 100 g.

Aufgabe 2: Ermittle die Kosten für die Zutaten einer selbst hergestellten Erdbeerkonfitüre. Gehe dabei von folgendem Grundrezept aus:

Grundrezept Erdbeerkonfitüre
1 kg frische Erdbeeren
1 kg Gelierzucker (1:1)
1 EL Zitronensaft

Kostenermittlung

1 kg Erdbeeren: [ ] Euro

1 kg Gelierzucker: [ ] Euro

1 Zitrone: [ ] Euro

Gesamt: [ ] Euro pro 2000 g

Das entspricht: [ ] Euro pro 100 g

Aufgabe 3: Sind dies alle Kosten, die bei der Herstellung entstehen? Welche Materialien und Ressourcen werden noch zur Konfitüreherstellung benötigt? Recherchiere die Preise dafür.

Kosten gesamt selbst hergestellte Konfitüre extra [ ] Euro pro 100 g

Aufgabe 4: Lohnt es sich aus wirtschaftlichen Erwägungen Konfitüre selber herzustellen? Begründe deine Aussage.

Wirtschaftlichkeitsberechnung der Konfitürenherstellung im eigenen Haushalt

Arbeitsauftrag:

Berechne, ob und unter welchen Umständen sich die Konfitürenherstellung im Haushalt lohnt. Vergleiche dazu den Preis von gekaufter Erdbeerkonfitüre extra mit den Herstellungskosten für eine vergleichbare Menge im Haushalt.

Aufgabe 1: Recherchiere den Preis für eine Erdbeerkonfitüre extra im Supermarkt. Achte darauf, wie viel Konfitüre in einem Glas ist und rechne den Preis auf 100 g um.

Kosten Erdbeerkonfitüre extra im Supermarkt: | 1,99 | Euro pro | 400 | g.

Das entspricht | 0,50 | Euro pro 100 g.

Aufgabe 2: Ermittle die Kosten für die Zutaten einer selbst hergestellten Erdbeerkonfitüre. Gehe dabei von folgendem Grundrezept aus:

Grundrezept Erdbeerkonfitüre
1 kg frische Erdbeeren
1 kg Gelierzucker (1:1)
1 EL Zitronensaft

Kostenermittlung

1 kg Erdbeeren:	4,98	Euro
1 kg Gelierzucker:	1,29	Euro
1 Zitrone:	0,20	Euro
Gesamt:	6,47	Euro pro 2000 g
Das entspricht:	0,32	Euro pro 100 g

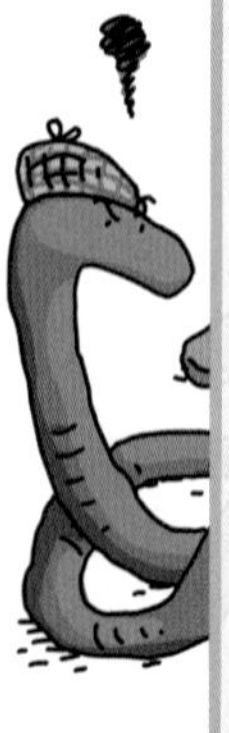

Kosten für Schraubgläser und Deckel:
ca. 5 x 0,25 € = 1,25 €
Energiekosten:
ca. 2 KWh à 0,19 € = 0,38 €,
Kosten fürs Waschen der Erdbeeren, Ausspülen der Gläser und Abspülen der Utensilien:
10 Liter = 0,07 €
Außerdem müsste man theoretisch noch die Arbeitszeit in Rechnung stellen:
Stundenlohn z. B. für Schüler/-in = 6 €
Kosten gesamt selbst hergestellte Konfitüre extra:
  6,47 € für 2000 g Zutaten
+ 1,25 € für Gläser
+ 0,38 € für Strom
+ 0,07 € für Wasser
+ 6,00 € für Arbeitskosten
= 14,17 € für 2 kg Konfitüre
Das entspricht 7,09 € pro 1000 g,
also 0,71 € pro 100 g

Aufgabe 3: Sind dies alle Kosten, die bei der Herstellung ... Welche Materialien und Ressourcen werden noch zur Konfitür ... herstellung benötigt? Recherchiere die Preise dafür.

Kosten gesamt selbst hergestellte Konfitüre extra | 0,71 | Euro pro 100 g

Aufgabe 4: Lohnt es sich aus wirtschaftlichen Erwägungen Konfitüre selber herzustellen? Begründe deine Aussage.

Berechnet man nur die Kosten der Zutaten, ist es geringfügig günstiger, Konfitüre selber herzustellen als ein Markenprodukt zu kaufen. Berechnet man alle Materialkosten plus Arbeitszeit, ist die Eigenproduktion deutlich teurer.

Falls man aber Erdbeeren im eigenen Garten hat, geeignete Schraubgläser zur Verfügung stehen und in der benötigten Zeit kein Geld verdient werden kann, ist es wiederum meistens günstiger, die Konfitüre selber herzustellen.

7

Fachinfo

Schalenobst ist die Sammelbezeichnung für die essbaren Samen von Früchten, die allgemein oft als Nüsse bezeichnet werden. Sie gehören botanisch aber durchaus verschiedenen Pflanzenfamilien an und bei ihren Früchten handelt es sich botanisch nicht immer um eine Nuss. Vereinfachend sprechen wir auch im Folgenden von Nüssen.

Nüsse sind im Vergleich zu anderen Obstarten **sehr fett- und damit auch sehr energiereich**. 100 g enthalten je nach Art zwischen 40 und 80 g Fett. Aus vielen Nussarten werden deshalb auch Speiseöle gewonnen. Das in den Nüssen enthaltene Fett ist **reich an wertvollen ungesättigten Fettsäuren**, die einen positiven Einfluss auf die Fett- und Cholesterinwerte im Blut haben und damit zur Vorbeugung von Herz-Kreislauf-Erkrankungen beitragen. Nüsse enthalten darüber hinaus auch **Vitamine der B-Gruppe** sowie **Vitamin E**.

Nüsse sollten trocken, kühl, dunkel und luftig aufbewahrt werden, da sie leicht schimmeln und ranzig werden können. Schimmelpilze können gesundheitsschädliche Stoffe bilden. So produziert der Pilz *Aspergillus flavus* das Gift **„Aflatoxin"**, das zu den stärksten natürlich vorkommenden Giftstoffen gehört. Dieses Gift kann Leberkrebs verursachen. Aber auch andere Schimmelpilze, wie *Aspergillus wentii* oder *Aspergillus versicolor*, die auf Nüssen zu finden sind, können für Mensch und Tier gesundheitsgefährdend sein. Sie können Allergien auslösen und bei abwehrgeschwächten Menschen innere Organe befallen; deshalb schimmelige, muffige und/oder dunkel verfärbte Nüsse immer wegwerfen.

Ungeschälte Nüsse sind mehrere Monate haltbar, wenn sie trocken, kühl und luftig aufbewahrt werden. Geschälte Nüsse sollten luftdicht verpackt und ebenfalls kühl, dunkel und trocken nur einige Wochen lagern. Gemahlene Nüsse sind nur wenige Wochen haltbar, können aber tiefgekühlt länger vor dem Ranzigwerden geschützt werden.

Walnuss

Der Walnussbaum wird bis zu 25 Meter hoch und ist ursprünglich in Europa und Asien beheimatet. Für den Haus- und Kleingarten werden häufig veredelte und somit niedriger bleibende Bäume verwendet. Nach Deutschland werden Walnüsse hauptsächlich aus den USA (Kalifornien), Frankreich, Chile, Ungarn oder Italien eingeführt. Sobald die Früchte reif sind, wird die Fruchtschale braun und hart und die Nüsse fallen zu Boden. Walnüsse aus neuer (diesjähriger) Ernte aus den Ländern der nördlichen Erdhalbkugel gibt es von September bis Februar; aus heimischem Anbau im September und Oktober, aus den Ländern der südlichen Erdhalbkugel (zum Beipiel Chile) von März bis Dezember des Erntejahres. Walnüsse sind reich an Omega-3-Fettsäuren und dem Vitamin Folsäure.

Bei ganz frisch geernteten Walnüssen (auch Schälnüsse genannt) kann man die dünne, hellbraune, etwas bitter schmeckende Haut von den weißen, süßen Kernen leicht abziehen. Der Bittergeschmack verliert sich etwas bei getrockneten Nüssen.

Haselnuss

Haselnüsse sind die Früchte des Haselstrauchs, der bis zu sieben Meter hoch wird und auf der ganzen Welt verbreitet ist. Die allermeisten der bei uns vermarkteten Haselnüsse werden als geschälte Ware (Kerne) eingeführt und zwar hauptsächlich aus der Türkei und Italien. Haselnüsse sind sehr nährstoffreich und waren deshalb bereits in der Steinzeit ein wichtiges Nahrungsmittel.

Haselnüsse in der Schale aus neuer Ernte werden von Oktober bis Januar angeboten; von Mitte September bis Mitte November auch aus heimischem Anbau.

Pecannuss

Die Pecan- oder Hickorynuss ist mit der Walnuss verwandt. Sie stammt aus den Südstaaten der USA und Mexiko, wo auch das Hauptanbaugebiet (97 %) liegt. In Deutschland werden Pecannüsse vorwiegend in der Weihnachtszeit als Bestandteil von Nussmischungen angeboten.

Die Pecannuss ist mit einem Fettgehalt von 72 Prozent eine der fettreichsten Nüsse.

Mandel

Mandeln wachsen an kleinen Bäumen, die ähnlich wie Pfirsich-
bäume aussehen. Bei uns werden Mandelbäume vor allem als
Zierpflanzen – wegen der schönen rosa Blüten – angebaut.

Man unterscheidet süße und bittere Früchte. Süße Mandeln
stammen in erster Linie aus den Mittelmeerländern und aus
den USA (Kalifornien). Sie werden nur in geringen Mengen in
der Schale (Krachmandeln) angeboten, der Hauptanteil kommt
geschält in den Handel. **Bittermandeln** enthalten im Gegensatz zu süßen Mandeln größere Mengen der gesundheitsschädi-
genden Blausäure und sind deshalb nicht zum Rohgenuss geeignet. Schon etwa 5 bis 10 rohe Bittermandeln können für ein
Kind, 50 bis 60 für einen Erwachsenen tödlich sein. Aus Bittermandeln wird ein genießbares Bittermandelöl hergestellt, wobei
die giftige Blausäure durch chemische Prozesse entfernt wird.
Bittermandelöl wird beispielsweise zum Backen und Aromatisie-
ren von Speisen verwendet.

Macadamianuss

Die Macadamianuss wurde erstmalig im 19. Jahrhundert in Australien bekannt und nach ihrem Entdecker Dr. McAdam benannt.
Sie wächst an bis zu 15 Meter hohen immergrünen Bäumen. Da
die harte Samenschale mit einem normalen Nussknacker nicht
zu knacken ist, kommen Macadamianüsse fast ausschließlich
geschält in den Handel. Sie gelten als die feinsten und wohl-
schmeckendsten Nüsse und besitzen zusammen mit Paranüs-
sen den **höchsten Fettgehalt** (bis zu 78 %). Gleichzeitig sind sie
auch die teuersten Nüsse auf dem Markt. Macadamianüsse werden im Snackbereich süß oder gesalzen verkauft sowie hauptsächlich in der Süßwarenindustrie zu Spezialitäten verarbeitet.

Paranuss

Der Paranussbaum wird auch „König der brasilianischen Wäl-
der" genannt. Mit 20 bis 60 Meter Höhe überragt er die anderen
Urwaldpflanzen. Die typisch dreikantigen braunen Paranussscha-
len haben die Form von Orangenspalten und stammen auch heute noch überwiegend aus Wildvorkommen in den Urwäldern an
Amazonas und Orinoco. Deshalb schwanken die jährlichen Ern-
temengen oft beträchtlich. Unter der sehr schwer zu knackenden
Schale sitzt ein gelber Kern mit rotbrauner Haut. Paranüsse
schmecken angenehm mild und süßlich. Sie werden oft in Nussmischungen eingesetzt bzw. in der Back- und Süßwarenindustrie
verwendet.

Erdnuss

Die Frucht der Erdnuss ist botanisch gesehen eine Hülse und keine echte Nuss. Sie gehört damit streng genommen zu den Hülsenfrüchten und ist zum Beipiel mit der Erbse verwandt. Darauf
weist auch ihr englischer Name „peanut" hin, was übersetzt
Erbsennuss" heißt. Die Erdnuss verhält sich jedoch im Wachs-
tum anders als die sich öffnenden Hülsen artverwandter Pflanzen: Sie bleibt geschlossen und gehört demnach morphologisch

(von der Gestalt her) betrachtet doch zu den Nüssen. „Erdnuss" wird die Frucht hierzulande aber auch genannt, weil der Fruchtknoten in die Erde hineinwächst und dort zur Nussfrucht ausreift. Ursprünglich stammt die Erdnuss aus Südamerika, heute sind China, Indien, Nigeria und die USA die größten Erdnussproduzenten. Deutschland importiert Erdnüsse zu rund 80 Prozent als ausgelöste Erdnusskerne und nur knapp 20 Prozent als Erdnüsse in der Schale.

Von allen Schalenobstarten hat die Erdnuss den **höchsten Eiweißgehalt** (25 %). Gleichzeitig liefert sie noch ca. 48 Prozent Fett, was sie zu einer wirtschaftlich bedeutenden Ölfrucht macht.

Cashewnuss

Die Cashewnuss stammt ursprünglich aus Brasilien. Heute wird sie auch in Afrika und Südostasien angebaut. Hauptlieferanten für den deutschen Markt sind Indien (70 %), Vietnam und Brasilien. Importiert werden ganzjährig nur die ausgelösten Cashewkerne, deren Gewinnung erfolgt in den Anbauländern. Dazu muss die 2,5 bis 3 cm große Cashewnuss von ihrer ledrig-harten ungenießbaren Schale befreit werden. Um die Nuss schälen zu können, muss sie zunächst geröstet werden. Dabei entweicht ein hautreizendes Schalenöl, die Schale wird brüchig und kann von Hand entfernt oder maschinell geknackt werden. Die Kerne werden getrocknet, von der Samenhaut befreit, sortiert und vakuumverpackt.

Im Vergleich zu anderem Schalenobst enthalten Cashewkerne **relativ wenig Fett** (42 %), dafür nennenswerte Mengen Kohlenhydrate (31 %) und Eiweiß (18 %).

UNTERRICHTSTIPPS

1. Wer knackt die Nuss?
Anhand eines Arbeitsblattes überprüfen die SuS, ob sie Nüsse in der Schale erkennen und einige Besonderheiten diesen Nüssen zuordnen können. Hier können zusätzlich verschiedene Nussprodukte (Nüsse mit/ohne Schale, gehackt, gemahlen etc.) praktisch kennengelernt und verkostet werden (bitte Allergiker-Hinweis Seite 7 beachten!). Außerdem können die jeweiligen Nährwerte verglichen und ausgewertet werden.

2. Nussexperiment
Die SuS erfahren, dass Nüsse viel Fett enthalten. Zusätzlich kann im Zusammenhang mit dem Fettgehalt die Qualität der Fettzusammensetzung besprochen werden, zum Beispiel anhand von Fachliteratur/Nährwerttabellen.

3. Nuss-Nougat-Creme selber machen
Nuss-Nougat-Creme ist das am häufigsten verzehrte Nussprodukt bei Jugendlichen. Die SuS bereiten das Produkt einmal selber zu. Falls das hierfür benötigte Milchpulver nicht im Reformhaus oder Super-/Drogeriemarkt zu finden ist, bekommt man es im Handel für Großverbraucher oder bei Lieferanten für Kaffeeautomaten.

4. Vergleich der Nuss-Nougat-Cremes
Die SuS erfahren, dass Nuss-Nougat-Creme reich an Energie, Zucker und Fett ist und bewerten gekaufte Nuss-Nougat-Creme im Vergleich zum selbst hergestellten Produkt. Die Nährwerte der Markenprodukte erfahren die SuS durch die Kennzeichnung auf dem Etikett oder durch eine Recherche im Internet, meist auf den Seiten der Hersteller.

Wer knackt die Nuss?

 Aufgabe 1: Ordne den Bildern die unten aufgeführten Bezeichnungen zu:

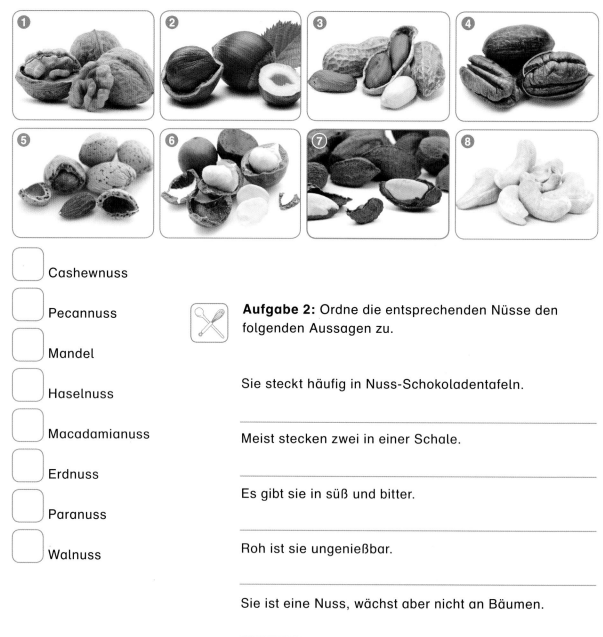

[ ] Cashewnuss

[ ] Pecannuss

[ ] Mandel

[ ] Haselnuss

[ ] Macadamianuss

[ ] Erdnuss

[ ] Paranuss

[ ] Walnuss

Aufgabe 2: Ordne die entsprechenden Nüsse den folgenden Aussagen zu.

Sie steckt häufig in Nuss-Schokoladentafeln.

_____

Meist stecken zwei in einer Schale.

_____

Es gibt sie in süß und bitter.

_____

Roh ist sie ungenießbar.

_____

Sie ist eine Nuss, wächst aber nicht an Bäumen.

_____

 Aufgabe 3:

Welche Nüsse werden in Deutschland erwerbsmäßig angebaut?
Markiere sie in der Liste.

Wer knackt die Nuss?

 Aufgabe 1: Ordne den Bildern die unten aufgeführten Bezeichnungen zu:

8 Cashewnuss

4 Pecannuss

5 Mandel

2 Haselnuss

6 Macadamianuss

3 Erdnuss

7 Paranuss

1 Walnuss

 Aufgabe 2: Ordne die entsprechenden Nüsse den folgenden Aussagen zu.

Sie steckt häufig in Nuss-Schokoladentafeln.

Haselnuss

Meist stecken zwei in einer Schale.

Erdnuss

Es gibt sie in süß und bitter.

Mandel

Roh ist sie ungenießbar.

Cashewnuss

Sie ist eine Nuss, wächst aber nicht an Bäumen.

Erdnuss

 Aufgabe 3:

Welche Nüsse werden in Deutschland erwerbsmäßig angebaut?
Markiere sie in der Liste.

Mandel, Haselnuss, Walnuss

Nussexperiment

Arbeitsaufträge:

❶ Zerstoße jede Nussart separat vorsichtig im Mörser.

❷ Nimm von der Masse jeweils einen Teelöffel voll als Probe und drücke die Masse auf einen runden Kaffeefilter.

❸ Entferne die Nussprobe nach 1 Minute wieder.

❹ Halte den Kaffeefilter gegen das Licht.

Materialien:

verschiedene Nüsse, Mörser und Stößel, Teelöffel, runde Kaffeefilter oder Löschpapier, Nährwerttabelle oder Internet

Aufgabe 1: Notiere deine Beobachtungen in vollständigen Sätzen.

_____

_____

_____

_____

Aufgabe 2: Recherchiere, welches Schalenobst den höchsten Fettgehalt hat und trage die Werte in die Tabelle ein.

Schalenobst	Fettgehalt in g/100g

Nussexperiment

Arbeitsaufträge:

❶ Zerstoße jede Nussart separat vorsichtig im Mörser.

❷ Nimm von der Masse jeweils einen Teelöffel voll als Probe und drücke die Masse auf einen runden Kaffeefilter.

❸ Entferne die Nussprobe nach 1 Minute wieder.

❹ Halte den Kaffeefilter gegen das Licht.

Materialien:

verschiedene Nüsse, Mörser und Stößel, Teelöffel, runde Kaffeefilter oder Löschpapier, Nährwerttabelle oder Internet

Aufgabe 1: Notiere deine Beobachtungen in vollständigen Sätzen.

Auf dem Kaffeefilter entstehen Fettflecke.

Die Fettflecke sind je nach Zerkleinerungsgrad der

Nuss und verwendeten Nussart unterschiedlich groß.

Aufgabe 2: Recherchiere, welches Schalenobst den höchsten Fettgehalt hat und trage die Werte in die Tabelle ein.

Schalenobst	Fettgehalt in g/100g*
Macadamianuss	73 g
Pekannuss	72 g
Paranuss	66,8 g
Walnuss	62,5 g
Haselnuss	61,6 g

*Quelle: Heseker, Beate und Helmut: Nährstoffe in Lebensmitteln: Die große Energie- und Nährwerttabelle. Umschau Buchverlag, Neustadt an der Weinstraße, 2007

Nuss-Nougat-Creme selber machen

Arbeitsaufträge:

1. Vermenge Halbfettmargarine, Honig, Puder- und Vanillezucker in der Schüssel zu einer glatten Masse.

2. Röste die Haselnusskerne in einer Pfanne ohne Fett unter ständigem Rühren.

3. Lasse die Nüsse abkühlen und mische sie dann mit den restlichen Zutaten in der Schüssel.

4. Fülle den Topf zu etwa einem Drittel mit heißem Wasser und stelle die Schüssel mit der Nussmasse vorsichtig hinein.

5. Erhitze die Masse unter Rühren vorsichtig im Wasserbad. Achte darauf, dass kein Wasser in die Schüssel gelangt.

6. Wenn sich die Zuckerkristalle auflösen und die Creme zähflüssig-cremig wird, kannst du die Creme probieren und dann in ein Schraubglas abfüllen. Im Kühlschrank aufbewahren. Haltbarkeit: ca. 3 Wochen

Materialien:

1 Elektro- oder Induktionsplatte,
1 Pfanne, 1 größerer Topf,
1 kleinere (Metall-)Schüssel (fürs Wasserbad), 1 Küchenwaage,
1 Pfannenwender, 1 Schraubglas (ca. 450 ml), 1 Esslöffel und für jeden SuS 1 Teelöffel zum Probieren

Zutaten (ergibt ca. 350 g Creme):

120 g Halbfettmargarine
(40 % Fett)
45 g Honig
45 g Puderzucker
1 Päckchen (8 g) Vanillezucker
90 g Haselnusskerne, fein gemahlen
2 EL Kakaopulver (ungesüßt)
2 EL Milchpulver

Vergleich der Nuss-Nougat-Cremes

Aufgabe 1: Notiere die Hersteller-angaben von einer Nuss-Nougat-Creme in der folgenden Tabelle:

Materialien: Nährwerttabelle, Nähr-wertkennzeichnung von Nuss-Nougat-Cremes (Handelsware), Taschenrechner

Produkt	100 g
Brennwert in kJ/kcal	
Eiweiß	
Kohlenhydrate	
davon Zucker	
Fett	
davon gesättigte Fettsäuren	

Aufgabe 2: Berechne die Nährwerte der selbst hergestellten Nuss-Nougat-Creme mithilfe einer Nährwerttabelle und trage alle in die Tabelle ein. Bedenke, dass die Nährwerte für die einzelnen Zutaten dort meist pro 100 g Lebensmittel angegeben sind.

Zutat	Energie in kJ/kcal	Zucker in Gramm	Fett in Gramm	Gesättigte Fettsäuren in Gramm
120 g Halbfettmargarine (40 % Fett)				
45 g Honig				
45 g Puderzucker				
1 Packung Vanillezucker (10 g)				
90 g Haselnüsse, gemahlen				
2 EL Kakaopulver (ca. 20 g)				
2 EL Milchpulver (ca. 20 g)				
Gesamt in 350 g				
Gesamt pro 100 g				

Aufgabe 3: Vergleiche die Zusammensetzung der beiden Nuss-Nougat-Cremes in Hinblick auf den Gesamtenergiegehalt, den Zuckergehalt, den absoluten Fettgehalt und die Fettsäu-renzusammensetzung.

Vergleich der Nuss-Nougat-Cremes

 Aufgabe 1: Notiere die Hersteller-angaben von einer Nuss-Nougat-Creme in der folgenden Tabelle:

 Materialien: Nährwerttabelle, Nähr-wertkennzeichnung von Nuss-Nougat-Cremes (Handelsware), Taschenrechner

Produkt	Beispiel: 100 g „Nusspli"	Beispiel: 100 g „Nutella"
Brennwert in kJ/kcal	2.265/541	2228/533
Eiweiß	4,5	6,8
Kohlenhydrate	59,0	56,8
davon Zucker	58,0	55,9
Fett	32,0	31,0
davon gesättigte Fettsäuren	10,8	9,9

 Aufgabe 2: Berechne die Nährwerte der selbst hergestellten Nuss-Nougat-Creme mithilfe einer Nährwerttabelle und trage alle in die Tabelle ein. Bedenke, dass die Nährwerte für die einzelnen Zutaten dort meist pro 100 g Lebensmittel angegeben sind.

Zutat	Energie in kJ/kcal	Zucker in Gramm	Fett in Gramm	Gesättigte Fettsäuren in Gramm
120 g Halbfettmargarine (40 % Fett)	1.851/442	0	48	12
45 g Honig	569/136	34	0	0
45 g Puderzucker	754/180	45	0	0
1 Packung Vanillezucker (10 g)	163/39	9	0	0
90 g Haselnüsse, gemahlen	2.428/580	4	55	4
2 EL Kakaopulver (ca. 20 g)	289/69	0	5	3
2 EL Milchpulver (ca. 20 g)	402/96	0	5	3
Gesamt in 350 g	6.456/1.542	92	113	22
Gesamt pro 100 g	1.842/440	26	32	6

Quelle Nährwerttabelle: Heseker, Beate und Helmut: Nährstoffe in Lebensmitteln: Die große Energie- und Nährwerttabelle. Umschau Buchverlag, Neustadt an der Weinstraße, 2007

 Aufgabe 3: Vergleiche die Zusammensetzung der beiden Nuss-Nougat-Cremes in Hin-blick auf den Gesamtenergie-gehalt, den Zuckergehalt, den absoluten Fettgehalt und die Fettsäurenzusammensetzung.

Die selbst hergestellte Nuss-Nougat-Creme enthält deutlich weniger Energie (1.842 kJ bzw. 440 kcal/100 g statt 541/533 kcal/100 g) und nur halb so viel Zucker (26 g/100 g statt 58/55 g/100g). Der absolute Fettgehalt unterscheidet sich nicht, aber der Anteil an gesättigten Fettsäuren ist bei der selbst hergestellten Creme viel geringer (6 g/100 g statt 10,8 bzw. 9,9 /100 g).

Die selbst hergestellte Nuss-Nougat-Creme ist damit aus ernährungswissen-schaftlicher Sicht günstiger zusammengesetzt als das gekaufte Produkt.

8

Arbeitsblatt 12: Matrix zur Besprechung in der Gruppe:

Merkmal	Probe 1	Probe 2	Probe 3	Probe 5
Geruch	✚ ⊙ ❘	✚ ⊙ ❘	✚ ⊙ ❘	✚ ⊙ ❘
Farbe	✚ ⊙ ❘	✚ ⊙ ❘	✚ ⊙ ❘	✚ ⊙ ❘
Geschmack	✚ ⊙ ❘	✚ ⊙ ❘	✚ ⊙ ❘	✚ ⊙ ❘
Fruchtigkeit	✚ ⊙ ❘	✚ ⊙ ❘	✚ ⊙ ❘	✚ ⊙ ❘

✚ gefällt mir ⊙ geht so ❘ gefällt mir nicht

Arbeitsblatt 13: Matrix zur Besprechung in der Gruppe:

Merkmal	Probe 1	Probe 2	Probe 3	Probe 4	Probe 5
Konsistenz (Festigkeit, mit Fruchtstücken oder ohne)	✚ ◉ ❶	✚ ◉ ❶	✚ ◉ ❶	✚ ◉ ❶	✚ ◉ ❶
Geruch	✚ ◉ ❶	✚ ◉ ❶	✚ ◉ ❶	✚ ◉ ❶	✚ ◉ ❶
Farbe	✚ ◉ ❶	✚ ◉ ❶	✚ ◉ ❶	✚ ◉ ❶	✚ ◉ ❶
Geschmack	✚ ◉ ❶	✚ ◉ ❶	✚ ◉ ❶	✚ ◉ ❶	✚ ◉ ❶

✚ gefällt mir ◉ geht so ❶ gefällt mir nicht

Weiterführende Literatur (Auswahl):

Der Brockhaus Ernährung:
Gesund essen – bewusst leben.
Verlag F.A. Brockhaus/wissenmedia
in der inmediaONE GmbH, Gütersloh, 2011

Elmadfa, I. et al.:
Die große GU Nährwert-Kalorien-Tabelle 2012/13.
GRÄFE UND UNZER Verlag GmbH, München, 2011

Heseker, Beate und Helmut:
Nährstoffe in Lebensmitteln:
Die große Energie- und Nährwerttabelle.
Umschau Buchverlag, Neustadt an der Weinstraße, 2007

Lieberei, R. et al.:
Nutzpflanzenkunde. Nutzbare Gewächse
der gemäßigten Breiten, Subtropen und Tropen.
Thieme Verlag, Stuttgart, 2007

Schlieper, Cornelia:
Lexikon Ernährung, Gesundheit.
Verlag Handwerk und Technik, Hamburg, 2010

Verbraucherzentrale (Hrsg.):
Obst und Gemüse à la Saison.
CD-ROM, 2006

Weiterführende Links (Auswahl):

www.5amtag-schule.de
Unterrichtsmaterial zu 5 am Tag und sekundären Pflanzenstoffen

www.aid-macht-schule.de
Wissenswertes über Obst und Gemüse der Saison im Talking Food-Schülerrätsel „Wer wird Lebensmittel-Millionär?" Für jede Jahreszeit gibt es ein separates Quiz

www.derapfel.de
Informationen zu Geschichte, Anbau, Sortenkunde und Rezepte zum Apfel

www.dge.de
Website der Deutschen Gesellschaft für Ernährung mit wissenschaftlichen Hintergrundinformationen.

www.ima-agrar.de/Medien.medien.0.html
Materialien zum Thema Obst (Kern-, Beeren-, Steinobst), zum Beipiel Poster

www.evb-online.de
Das Internetportal bietet Informationen und aktuelle Forschungsergebnisse zur Ernährungs- und Verbraucherbildung.

www.fruchtsaft.org
Marken- und firmenneutrales Unterrichtsmaterial des Verbands der deutschen Fruchtsaft-Industrie e. V. für die Sek. I zum Download

www.oekolandbau.de
Menüpunkt KINDER – Bio find' ich Kuh-l – Mach mit Experimentieren – Experiment zu nachreifenden Obstsorten

www.suz-mitte.de/angebote/thema-fruechte1.htm
Botanische Informationen zu verschiedenen Früchten und der Fruchtbildung

www.was-wir-essen.de
Lebensmittelketten zu Äpfel, Erdbeeren und Nüssen

webs.schule.at/mm/nuesse/index.html
Informationen, Rätsel und Linksammlung zu Nüssen

Obst

Das Heft liefert für alle gängigen Obstarten die wichtigsten Informationen zu Anbau, Einkauf, Verbraucherschutz und Küchenpraxis. Integriert sind dabei Schalenobst (Nüsse), Wildfrüchte, eine Nährwerttabelle und ein alphabetisches Obstverzeichnis. Jede Frucht ist farbig abgebildet. Äpfel- und Birnensorten bilden einen Schwerpunkt, aber auch die hierzulande bedeutendsten Exoten und Zitrusfrüchte sind berücksichtigt. Der Leser erfährt etwas über die Ernährungsphysiologie, zu Obsterzeugnissen und erhält Tipps zu Lagerung und Verarbeitung. Das Heft bietet leicht verständliches Grundwissen auf 100 Seiten und ist sowohl für Verbraucher einsetzbar als auch für Handel und Direktvermarkter, Lehr- und Beratungskräfte sowie in der Fachausbildung.

aid-Heft, 100 Seiten, Bestell-Nr. 5-1002

5 am Tag – Gesund mit Obst und Gemüse

Übersichtlich und leicht verständlich erläutert der Ratgeber, was Vitamine, Mineralstoffe, Ballaststoffe und sekundäre Pflanzenstoffe aus Obst und Gemüse im Körper bewirken. Praktische Tipps und ein persönlicher Wochen-Check helfen, dieses Wissen in die Tat umzusetzen. Darüber hinaus informiert das Heft über Einkauf, richtige Lagerung und schonende Zubereitung von Obst und Gemüse. Der aid infodienst gibt diesen alltagstauglichen Ratgeber gemeinsam mit dem Verein „5 am Tag e.V." heraus.

aid-Heft, 56 Seiten, Bestell-Nr. 5-1542

Obst und Gemüse nach der Ernte / Frische, Qualität, Sicherheit

Das Heft erläutert den Weg von Obst und Gemüse von der Ernte bis in den Einzelhandel anhand von ausgewählten Beispielen: Apfel, Süßkirsche, Erdbeere, Salat, Radieschen, Bundmöhre, Tomate und Waschmöhre. Dabei stehen die Aspekte Frische, Qualität und Sicherheit im Vordergrund. Die unterschiedlichen physikalischen Faktoren werden ebenso erklärt wie spezielle Belange bei Transport, Lagerung und im Handel. Außerdem gibt es Tipps für Einkauf und Aufbewahrung. Das Heft wendet sich an Verbraucher und Fachleute aus dem Handel sowie der Direktvermarktung.

aid-Heft, 60 Seiten, Bestell-Nr. 5-1495

Obst & Co. – 2½ Minuten Clips

Obst macht munter und ist der ideale Snack für zwischendurch. Und mit der Banane allein ist es bei weitem nicht getan. Allein 100 verschiedene Apfelsorten gibt es in Deutschland im Handel; einige sind uns wohl bekannt, von anderen weiß nur der Kenner. Aber was unterscheidet eigentlich Sommeräpfel von Herbstäpfeln? Und wie kommt es, dass Elstar und Boskoop auch im Frühjahr knackig reif in den Supermarktauslagen zu kaufen sind? Kann man Beeren vom Wegesrand heutzutage noch unbeschadet naschen? Und ist Holunder denn nicht giftig? Es gibt viele spannende Fragen zu Stein- und Kernobst, Beeren, Nüssen, Zitrusfrüchten und zur Obstverarbeitung, die wir oft spontan nicht beantworten können. Der Film von 2003 gibt Antworten auf Ihre Fragen!

Video auf DVD, ca. 30 Minuten, Einzellizenz/Schullizenz, Bestell-Nr. 5-7509

aid-Saisonkalender Obst und Gemüse

Erdbeeren im September? Was früher nur für wenige Wochen zu haben war, ist heute fast immer verfügbar. Aber wer sich selbst und der Umwelt etwas Gutes tun möchte, sollte besser saisonal einkaufen. Als echter Wegweiser im reichhaltigen Angebot hilft dabei der aid-Saisonkalender. Das Poster zeigt auf einen Blick, wann welche Obst- und Gemüsearten am besten in den Einkaufskorb wandern sollten. Auch die günstigsten Monate für exotische Früchte, wie Litchi oder Mango, sind aufgeführt. Die Rückseite des Posters gibt viele Tipps zum Einkauf, zum Verbraucherschutz und zur optimalen Lagerung von Obst und Gemüse. Ein informativer Blickfang für jede Küche und für den Einkaufsmarkt.

2 Seiten, Poster DIN A2 auf DIN A4 gefalzt,
Bestell-Nr. 5-3488

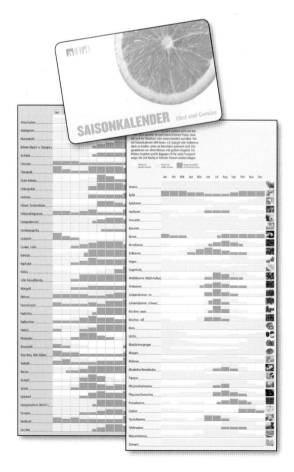

aid-Saisonkalender Obst und Gemüse

Alles zu seiner Zeit! Auch wenn man es dem Obst und Gemüse nicht auf den ersten Blick ansieht – je nach Saison können Preise, Qualität und die Ökobilanz sehr unterschiedlich ausfallen. Der Saisonkalender im Taschenformat zeigt auf einen Blick, wann Spargel oder Erdbeeren besonders umweltfreundlich und preiswert zu haben sind. Ein ideales Kundenpräsent für Handel und Direktvermarkter. 10er-Pack.

2 Seiten, Faltkalender im 10er-Pack,
Bestell-Nr. 5-3917

**Ein Ansichtsexemplar finden Sie
neben der beiliegenden CD-ROM.**

Impressum
3896/2012

Herausgegeben vom
aid infodienst
Ernährung, Landwirtschaft,
Verbraucherschutz e. V.
Heilsbachstraße 16
53123 Bonn
www.aid.de
aid@aid.de
mit Förderung durch das
Bundesministerium für Ernährung,
Landwirtschaft und Verbraucherschutz
aufgrund eines Beschlusses des
Deutschen Bundestages.

Text
Dr. Monika Düngenheim, Köln
Dipl.-Oecotroph. Birgitta Tummel, Bonn
Dipl.-Oecotroph. Gabriele Kaufmann, aid

Redaktion
Dipl.-Oecotroph. Gabriele Kaufmann, aid

Bilder
Titelbild: istockphoto/RyersonClark;
www.fotolia.com;
Herf + Braun Fotografen GmbH, Düsseldorf;
www.istockphoto.com;
Klaus Arras, Köln;
Verband der deutschen Fruchtsaftindustrie (VdF);
Rückseite oben: © diter – Fotolia.com;
Rückseite mitte: © Bratwustle – Fotolia.com;
Rückseite unten: © BlueOrange Studio – Fotolia.com;
S. 73 oben: Matthias Gschwendner/Fotolia.com

Layout, Gestaltung
Arnout van Son, 53347 Alfter

Illustrationen
Leo Leowald, 50677 Köln

Druck
Druckerei Lokay e. K.
Königsberger Str. 3
64354 Reinheim
Dieses Heft wurde in
einem klimaneutralen
Druckprozess mit Farben
aus nachwachsenden Rohstoffen
bei einer EMAS-zertifizierten Druckerei
hergestellt. Das Papier besteht
zu 60 Prozent aus Recyclingpapier.

Nachdruck und Vervielfältigung –
auch auszugsweise – sowie Weitergabe
mit Zusätzen, Aufdrucken oder Aufklebern
nur mit Genehmigung des aid gestattet.

ISBN 978-3-8308-1002-5

Vitamine und Mineralstoffe

Welche Vitamine und Mineralstoffe stecken in Lebensmitteln und wie wirken sie im Körper? Wer das versteht, kann leichter ein gesundheitsförderliches Essverhalten entwickeln. Das Material weckt Neugier und Interesse am Thema Vitamine und Mineralstoffe. Jugendliche ab Klasse 7 können sich vielseitig mit der Bedeutung der Nährstoffe auseinandersetzen und Schlussfolgerungen für den eigenen Essalltag ziehen. Bis zu 14 Unterrichtsstunden lassen sich gestalten, wobei auch einzelne Vorschläge eingesetzt und kombiniert werden können. 47 Kopiervorlagen und 10 Folien liegen auf CD-ROM bei und können bei Bedarf angepasst werden. Dazu gibt es Hintergrundinformationen. Das Paket eignet sich für den Biologieunterricht und andere schulische Angebote.

Unterrichtsmaterial, Bestell-Nr. 5-3853, 56 Seiten, 10 Folien,
45 Seiten Fachinformationen, 47 Kopiervorlagen, 1 Ablaufplan für den Unterricht

Funktionelle Lebensmittel – Obst, Gemüse oder Pillen?

Obst, Gemüse oder Pillen? Dieses Unterrichtsmaterial für die Klassen 9 und 10 motiviert Schüler/-innen dazu, diese Frage bewusst und informiert abzuwägen. Dabei setzen sie sich auch mit Werbung für Nahrungsergänzungsmittel auseinander. Das Thema kann auf zwei verschiedenen Wegen bearbeitet werden. Entweder: Was ist so gesund an Obst und Gemüse und ist es sinnvoll Konzentrate zu essen? Oder: Was dürfen Nahrungsergänzungsmittel versprechen und was nicht? Die Jugendlichen sollen ein Gespür für seriöse und unseriöse Werbeaussagen entwickeln und die Grenzen solcher Produkte kennenlernen. Mit diesem Material erhalten Sie Vorschläge für die Gestaltung von zwei Unterrichtsstunden, Arbeitsblätter, eine Folie und Literaturtipps.

Nur zum Download auf www.aid-medienshop.de
Download-Nr. 5-645

Bestellung

Fax: +49 (0)228 8499-200
Telefon: +49 (0)180 3 849900*
E-Mail: bestellung@aid.de

*Kosten: 9 Cent pro Minute aus dem deutschen Festnetz. Anrufe aus dem Mobilfunknetz maximal 42 Cent pro Minute. Bei Anrufen aus dem Ausland können die Kosten für Telefonate höher sein.

MedienShop
www.aid-medienshop.de

Kunden-Nr. (falls vorhanden)

Name, Vorname

Firma / Abteilung

Straße und Hausnummer / Postfach

PLZ / Ort

Telefon   E-Mail

aid infodienst e. V.
- Vertrieb -
Postfach 1627
53006 Bonn
Deutschland

Ich bestelle zuzüglich einer Versandkostenpauschale von 3,00 € (innerhalb Deutschlands) gegen Rechnung (Angebotsstand: Februar 2012):

Best.-Nr.	Titel	Medium	Anzahl	Einzelpreis €	Gesamtpreis €
5-3896	Obstvielfalt entdecken	Unterrichts-material		14,00	
5-1002	Obst	Heft		4,00	
5-1542	5 am Tag – Gesund mit Obst und Gemüse	Heft		2,50	
5-1495	Obst und Gemüse nach der Ernte / Frische, Qualität, Sicherheit	Heft		2,50	
5-7509	Obst & Co. – 2½ Minuten Clips – Einzellizenz	Video auf DVD		15,50	
5-7630	Obst & Co. – 2½ Minuten Clips – Schullizenz	Video auf DVD		31,00	
5-3488	aid-Saisonkalender Obst und Gemüse	Poster		2,50	
5-3917	aid-Saisonkalender Obst und Gemüse	10er-Pack Taschenformat		3,50	
5-3853	Vitamine und Mineralstoffe	Unterrichts-material		9,00	
5-3264	aid-Medienkatalog	Heft		0,00	0,00

☐ Ich möchte regelmäßig und kostenlos den aid-Medienkatalog erhalten. Diese Zusendung kann ich jederzeit widerrufen.

Auftragswert

Datum   Unterschrift

aid infodienst Ernährung, Landwirtschaft, Verbraucherschutz e. V. (aid), Heilsbachstraße 16, 53123 Bonn, Telefon: 0228 8499-0, Telefax: 0228 8499-177, Geschäftsführender Vorstand: Frau Dr. Margareta Büning-Fesel, eingetragen im Vereinsregister (Registernr. 2240) beim Amtsgericht Bonn